KB015453

그림으로 배우는
# 경제사

● 일러두기

1. 교황명 등 가톨릭교회와 관련된 용어는 '한국천주교주교회의'에서 표기한 것을 따랐습니다.
2. 인명, 지명 등 고유명사의 표기는 국립국어원 외래어표기법을 따랐으나 일반적으로 통용되는 표기가 있을 경우에는 이를 참조했습니다.
3. 단행본, 소설은 『　』, 영화, 미술작품은 〈　〉로 표기했습니다.

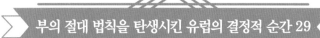

부의 절대 법칙을 탄생시킨 유럽의 결정적 순간 29

# 그림으로 배우는
# 경제사

이강희 지음

이 책은 그림을 당대 정치적 상황, 경제 등과 연결하는 융합의 미학을 선보인다.

– 강순아(국제슬로푸드한국협회 이사)

접근하기 쉽지 않은 경제와 금융, 역사 이야기가 이해하기 쉽게 쓰여 있다.

– 김대구(공간정밀 대표)

수많은 변화와 부의 이동을 만들어낸 유럽 경제사! 그 흐름을 예술작품으로 흥미롭게 풀어낸 책이다.

– 김대희(디티앤인베스트먼트 부사장)

저자는 유럽 자본주의의 역사에 대해 '유한한 자본과 무한의 예술'이 서로 연결되어 새로운 미래로 나아가는 현상을 역사적인 그림과 이해하기 쉬운 글로 표현한다.

– 김도형(포스코 플랜텍 교육팀 리더)

저자가 들려주는 유럽 경제사 이야기! 고배와 축배가 반복되는 역사를 통해 우리는 어떤 잔을 채우고 있는지 생각해본다.

– 김민지(경기도청 기획담당관(부서) 주무관)

부의 속성이 궁금한 이들에게 호기심 자극하는 신선한 책이다.

– 김상채(고양문화재단 이사, 미술평론가)

이 책에는 세계경제사의 지도가 담겨 있다.

– 김성원(대신증권 금융소비자보호부문장)

이 책은 예술가의 시선으로 기록된 다양한 그림을 통해 우리가 현재 직면한 경제적 상황을 돌아보게 한다.

- 김아미(예술기획 컨설팅 dokingX 대표, 서울시디자인 컨설턴트)

이 책은 거부감 없는 강한 흡인력으로 읽는 이를 옛길로 인도한다.

- 김영탁(시인, 「문학청춘」 주간)

저자는 금융 대혼란기를 통과하고 있는 우리가 살아남기 위해 반드시 알아야 할 부의 비밀을 알려준다.

- 김은경(살림이스트 대표)

자칫 어려울 수 있는 유럽 경제와 금융의 역사를 그림을 통해 설명하려는 저자의 의도가 상당한 매력으로 다가온다.

- 김인규(타임밸류 투자자문 대표)

이 책은 역사적 사실과 경제, 특히 자본에 미친 요소들을 직시하며 이야기를 풀고 있다.

- 김재호(한국식품연구원 책임연구원, 이학박사)

불투명한 미래를 슬기롭게 대처할 수 있는 핵심적인 방법은 과거와 현재에 대한 철저한 분석이다.

- 김종렬(전 가톨릭 상지대 교수, 돌쇠공예작가)

이 책은 유럽 경제사를 중심으로 세계화의 과정을 되돌아보고 있다.

- 김종호(호서대학교 벤처대학원 원장)

이 책은 바다의 등대나 갈림길의 이정표처럼 우리가 나아가야 할 미래의 방향을 제시해준다.

- 김평송(네이버 책임 리더)

이 책은 올리브에서 양에 이르기까지 다양한 재화를 활용한 부의 축적과 이동을 시대적으로 정리한다.

- 김홍근(민주평화통일자문회의 충남 부의장)

경제와 인문학적 소양을 넓히면서 세상을 이해하는 좋은 책으로 경제인들에게 추천한다.

- 나재욱(두산퓨얼셀 부장)

인류가 어떻게 새로운 경제제도를 만들고 정치를 발전시켜 왔는지를 당대 그림들과 함께 설명하고 있어 색다른 즐거움을 선사한다.

- 노래경(삼성전자 무선사업부 책임연구원)

이 책에 담긴 통찰을 따라가다 보면 머릿속에 새로운 질문이 싹튼다. 그렇다면 오늘날에는 무엇이 돈이 될 것인가?

- 민경남(SBS 〈김태현의 정치쇼〉 PD)

이 책은 우리가 알듯 말듯 한 유럽의 역사적 사건들과 그에 대한 다양한 시각을 일목요연하게 정리하고 있다.

- 박경식(코스닥 상장사, 영업팀장)

당시 유럽의 경제상을 그림들과 절묘하게 연결하는 저자의 감각이 탁월하다.

- 박지명(현대회계법인 회계사)

오감을 자극하는 책이다. 책이 아니라 여러 편의 단편영화를 본 것만 같다.
— 박지은(마음모음 대표)

저자의 해박한 경제 지식에 더한 세계사가 미술작품을 통해 흥미롭게 구성되어 있어 유럽 경제의 흐름이 한눈에 들어온다.
— 백경훈(하마토라인터내셔널 대표)

이 책은 동아시아에서 새로운 미래를 준비하는 한국인들에게 비전을 제시해준다.
— 송기형(건국대학교 명예교수)

오랜 시간 금융계에 종사한 저자의 통찰이 독자에게 가닿아 독자들이 새로운 지표로 삼아주길 바란다.
— 신동기(법무법인 대륙아주 고문, 전 골드만삭스 홍콩 전무)

이 책이 알려주는 친절하고 흥미로운 부의 이야기는 좁은 시야 속에 갇혀 들떴던 한탕주의를 식혀준다.
— 신성진(KBS 〈라디오 매거진 위크 앤드〉 작가)

역사나 경제는 어렵게만 느껴지는데 이 책은 그림을 곁들여 흥미롭고 쉽게 설명한다.
— 이민형(디자인 프레스 대표)

이 책은 부富에 대한 인간의 이기적 본성을 역사라는 이야기 속에서 말해주고 있다.
— 이세진(호서대학교 교수)

요즘 가장 핫한 경제, 자본, 돈에 관한 이야기를 누구나 쉽게 접근할 수 있도록 설명한 책이다.

－ 이수현(나라감정평가법인 COO 총괄업무 본부장)

예술작품을 통해 유럽 경제사를 되짚어보는 흥미로운 책이다.

－ 이소영(호서대학교 벤처대학원 정보경영학과 교수)

다양한 키워드를 통해 부의 흐름을 읽는 재미가 꽤 진하다. 이 책을 읽으면 시대가 보이고 문화가 읽힌다.

－ 이윤서(『왠지 끌리는 명화 한 점』 작가)

이 책은 우리 주변에서 쉽게 접할 수 있는 그림과 역사를 절묘하게 엮어 유럽 경제사를 쉽게 이해할 수 있도록 해주는 신기한 마법을 부린다.

－ 이재순(한국부동산분석학회 운영위원장)

저자는 역사는 물론 경제 전반에 대한 해박한 지식과 미술에 높은 이해력을 바탕으로 유럽의 부가 어떻게 이뤄졌는지를 색다르게 풀어낸다.

－ 이준호(소프트자이온 대표)

후추와 주식시장이 무슨 연관이 있는지 궁금하지 않은가? 이 책은 경제사의 인문학이다.

－ 이지영(서울시의회 문화체육관광위원회 입법조사관)

이 책은 경제 그 자체뿐만 아니라 경제로 인해 빚어진 인류의 역사를 재미있는 이야기로 엮어낸다.

－ 이태경(삼성SDS 수석컨설턴트)

저자는 누구나 쉽게 경제사적 흐름을 알 수 있도록 풀어놓는다.

— 임찬혁(글로벌 게임사 총괄업무 팀장)

지적 호기심을 자극하는 내용 못지않게 쉽고 재미있게 술술 읽히는 유럽 경제사 이야기가 담겨 있다.

— 장성수(LG디스플레이 책임)

예술작품을 통해 유럽의 경제사를 풀어낸 점은 매우 독특하면서도 탁월한 선택이었다.

— 정관철(한국리서치 여론조사본부 부서장)

이 책은 다양한 예술작품을 매개로 부의 이동 경로를 따라가며 분기점이 된 역사적 사건을 재구성하고 그 의미를 친절하게 짚어준다.

— 정진영(소설가, JTBC 드라마 〈허쉬〉의 원작 소설 「침묵주의보」 저자)

이 책은 역사를 통해 미래를 설계할 수 있는 좋은 길잡이가 되어준다.

— 정태희(대전상공회의소 회장)

이 책은 자투리 시간만 투자해도 충분히 유식한 경제인이 될 수 있도록 만들어줄 뿐 아니라, 한 번 집으면 계속 읽고 싶어지는 매력이 있다.

— 지근영(중소벤처기업연수원 원장)

이 책은 농경사회에서 전근대에 이르기까지 유럽을 중심으로 한 경제사적 사건들을 인문학적 관점에서 통찰하고 있다.

— 추원식(법무법인 YK 대표 변호사)

**차례**

# 그림을 보면 경제가 보이고
# 경제를 알면 세계가 보인다

대개 유럽 문명의 뿌리는 고대 그리스로 거슬러 올라간다. 그렇다면 그리스에서 가장 먼저 문명이 움튼 곳은 어디일까?

놀랍게도 그리스 본토가 아닌 에게해에 자리 잡고 있는 섬 크레타다. 인류의 4대 문명은 모두 강을 끼고 있는 곳에서 시작되었지만, 유럽의 문명은 사방이 바다인 섬에서 시작되었다. 크레타섬은 그리스 최고의 신인 제우스가 태어났다고 알려진 섬이기도 하다. 서기전 3560년경~서기전 1170년경에 크레타섬에서 꽃을 피운 미노아문명을 시작으로 다양한 민족과 종교 등 여러 요소가 결합되어 오늘날 유럽의 모습을 만들어냈다. 그러니 유럽사의 시발점은 바다라는 것을 독자에게 알리고 시작하려 한다.

　유럽사를 가만히 들여다보면, '수탈의 역사'라는 한마디로 정의할 수 있다. 수탈에는 '결핍'이라는 전제 조건이 필요하다. 지금과 달리 재화의 보관이 쉽지 않던 시절, 결핍이 없는 수탈은 불필요한 칼로리 소비에 불과했다. 결국 계속된 결핍이 끊임없는 수탈로 이어졌다고 보는 게 맞을 듯하다.

　이를테면 중세사의 변곡점이 된 '십자군전쟁'은 표면적으로는 이슬람 세계로부터 가톨릭 세계를 수호한다는 것을 표방했지만, 그 이면을 파헤치면 파헤칠수록 교황, 황제, 왕, 귀족, 영주, 기사 등이 저마다의 사리사욕을 채우기 위한 수단으로 삼았음을 알 수 있다. '대항해시대'의 서막이 열린 것도 유럽에서 나지 않는 향신료가 돈벌이가 된다는 것을 알고 향신료를 구하기 위해 지중해에서 나와 대서양으로 진출하면서였다.

　오늘날 유럽 대부분의 국가가 선진국이라는 지위를 누리며 정치·경제적으로 전 세계에 영향력을 끼칠 수 있게 된 배경은 또 어떠한가? 대항해시대 이후 유럽 사람들은 아프리카와 라틴아메리카, 더 나아가 아시아까지 진출해 무력으로 식민지로 만든 뒤 원주민들은 노예로 부렸으며 그곳에서 나는 수많은 자원을 바탕으로 부와 자본을 축적해 강국으로 발돋움했다.

먹이를 구하기 위해 위험을 무릅쓰고 포식자들이 즐비한 바다에 가장 먼저 뛰어드는 퍼스트 펭귄처럼, 유럽의 역사는 배고픔(결핍)을 참지 못하고 먹을거리를 찾아 나서면서 시작된 것이다. 그러다 서로에게 필요한 것을 교환하면 힘들게 식량을 구할 필요가 없을 것이라는 걸 깨달았으리라. 그렇다면 줄 게 없었던 사람들은 자신의 결핍을 채우기 위해 어떤 행동을 했을까? '힘'이다. 이때는 힘으로 상대방을 제압하고 빼앗는 물리적인 방법을 동원했다. 그러니까 인류는 결핍을 충족하기 위한 뺏고 빼앗기는 과정을 반복하면서 경제사를 만들어냈고, 그 과정에서 부의 중심지가 이동했다.

경기가 침체되었는지 과열되었는지 판단할 수 있는 기준은 '거래'다. 정부는 시장에서 거래가 줄어들면 유동성 공급 정책을 펼치고 거래가 과도하게 늘어나면 그 반대의 정책을 펼친다. 그만큼 거래는 경제와 금융, 부의 생성과 유지에 중요한 역할을 한다. 그리고 그러한 거래를 촉발하는 것은 잉여가 아니라 결핍이다.

대부분의 인간은 자신에게 잉여물이 있다고 해서 다른 사람과 거래를 하지 않는다. 잉여물을 버릴지언정 무상으로 제공하지도 않는다. 오히려 자신에게 부족한 것이 없는지 확인한 다음에 더 가지려 안간힘을 쓰고 자신에게 부족한 것을 채울 수 있을 때 잉여물에 대한 거래에 응한다. 채우려는 욕구는 가진 게 많을수록 강하게 작용한다. 10개 가진 사람은 990개를 가진 사람의 것을 간절하게 원하지 않지만, 990개를 가진 사람은 10개 가진 사람의 것마저 차지하려 안간힘을 쓴다. 우리가 사는 사회에서 소위 부유함을 누린다는 사람들의 실제 모습이다.

그렇다고 결핍을 채우려는 욕구가 무조건 나쁜 것만은 아니다. 결핍을 채우는 과정에서 인류는 '자본주의' 같은 시스템을 만들어내는 등 눈부신 성장을 이루어냈다. 하지만 때로는 욕구에 눈이 먼 나머지 크고 작은 전쟁을 일으켰다. 그 길에 유럽의 자멸을 불러온 제1, 2차 세계대전이 있다.

유럽은 두 차례의 대전으로 미국에 많은 것을 빼앗겼

다. 전쟁의 상흔을 회복한 뒤에는 빼앗겼던 과거의 영광을 되찾고자 '유럽연합EU'이라는 이름을 내걸고 뭉쳤다. 또다시 결핍을 채우려고 하는 것이다. 문제는 19세기 제국주의 시절의 행동들을 답습하려는 데 있다. 그런데 그때와는 상황이 달라졌다. 자신들보다 뒤떨어졌다고 생각한 후발주자들 중 일부가 자신들의 뒤를 바짝 추격해오고 있기 때문이다. 그래서 그들의 추격을 따돌리기 위해 '규제'라는 틀을 만들어버렸다. 그게 바로 'ESG(Environmental, Social and Governance)'다. '환경'과 '공정'이라는 기치를 내세워 오늘날 또다시 기울어진 운동장 'ESG'를 만들어낸 것이다. 후발주자들이 자신들을 따라잡는 것이 느껴지자 그들이 자신들을 추월하지 못하게 손발을 묶어두고, 그 사이에 조금이라도 더 앞서나가려고 하는 것이다.

그렇다면 그들이 말하는 공정은 과연 옳은 것일까? 결국 그들에게 밀리지 않으려면, 그들의 말에 담긴 본심을 꿰뚫어야 한다. 역사는 외형만 달리했을 뿐 패턴은 반복되어 왔다. 앞으로도 마찬가지일 것이다. 과거를 추적하다 보면 패턴이 읽힐 것이고, 그 패턴에서 우리가 나아가야 할 길을 찾을 수 있을 것이다.

　　그들이 남긴 발자취를 조금이나마 쉽게 좇아가기 위해서 예술작품을 통해 유럽의 경제사를 읽어내려 한다. 작품 속에 교묘하게 숨겨져 있는 유럽 사람들의 경제적 심리를 읽어내는 것이다. '시대의 창'이 되어준 예술가들의 여러 그림을 통해 유럽의 부富의 흐름과 경제를 파헤쳐보자.

1부

유럽 부의 지도를 그려나간
재화 16

# 문명의 상징이 된
# 올리브

## 아테네를 먹여 살린 올리브

고대 그리스의 폴리스 중 라이벌이라 알려진 스파르타와 아테네는 처한 자연환경이 달랐던 만큼, 사회구조와 발전 방향도 확연히 달랐다. 스파르타는 펠로폰네소스반도 남쪽에 자리를 잡았는데 주변이 산으로 둘러싸여 있어 개방적인 지형을 가졌던 다른 폴리스들에 비해 외부의 침입으로부터 비교적 안전했다. 게다가 다른 폴리스들이 농사를 짓기에 척박한 자연환경이었던 것에 비해 스파르타는 라코니아평야를 끼고 있는 데다 에루로타스강(지금의 에브로타스강)이 흐르고 있어 농사짓기에 유리했다. 그러다 보니 스파르타는 농업 위주의 경제가 발달했다. 그리고 농사를 짓는 데 많은 노동력(노예)이 필요해지자 소수의 시민이 이들을 지배하기 위해 '군국주의'를 채택했다.

아테네도 초기에는 농업을 기반으로 하는 사회였다. 문제는 아테네가 자리한 아티카 지역은 농사를 지을 수 있는 땅이 많지 않았다는 점이다. 그나마 있는 토지들은 소수의 귀족들이 소유했기 때문에 대다수의 사람은 충분한 식량을 확보하기가 어려웠다. 대부분이 토지를 빌려서 농사를 지었고 경우에 따라 생산량의 6분의 1에서 6분의 5를 소작료로 지불하다 보니 만성적인 식량 부족을 겪게 되었다. 지대를 제때 내지 못하는 경우가 허다했고 자칫 흉년이 들기라도 하면 부채를 갚지 못해 노예로 팔려가기도 했다.

아테네 최고의 성문법이라고 알려진 「드라콘법」에 따르면 인신의 담보가치를 인정해 채무를 갚지 못한 자는 채권자의 노예가 되거나 노예로 팔려나갔다. 가뭄이나 흉년 같은 자연재해로 인한 부채 증가는 이런 현상을 더욱 가속화했다. 시간이 지날수록 부는 소수에게 집중되었다. 이러한 상황에서 불만을 가진 사람들이 하나둘 생겨나자 이들을 이용해 체제를 전복하고 권력을 사유화하려는 이가 등장할 위험성이 다분해졌다. 이때 갈등을 봉합해 아테네가 전성기로 나아갈 수 있는 토대를 마련한 사람이 등장했다. 바로 학창 시절에 한 번쯤은 들어봤을 솔론Solon이다.

서기전 594년에 솔론은 집정관, 즉 아르콘이 되어 전권을 위임받았다. 당시 아테네에 산적한 문제들 대부분은 계층 간의 갈등을 내포하고 있었다. 솔론은 계층 간의 갈등을 봉합하기 위해서는 「드라콘법」에 명시되어 있는 것처럼 노예가 양산될 수밖에 없는 사회 시스템을 뜯어고쳐야 한다고 생각했다. 그래서 빚 때문에 노예가 된 이들의 모든 부채를 없애주었고, 부채 때문에 다른 폴리스에 팔려간 사람들은 몸값을 지불하고 데려왔다. 그리고 인신 담보를 금지하는 것을 법으로 규정했다. 그 법은 대부분의 가난한 사람이 짊어지고 있던 채권의 상당 부분을 소멸시키는 것으로, '무거운 짐을 덜어준다'는 의미에서 '세이사크테이아Seisachtheia'라 불렀다. 이에 자신들의 부를 빼앗겼다고 생각한 귀족층과 지주들의 불만이 높아졌다. 그러나 그들의 엄청난 원성과 불만은 오래가지 못했다. 부자였던 솔론이 먼저 솔선수범해 자신의 채권을 없애는 것부터 정책을 시행했기 때문에 이들의 반발을 상당 부분 줄일 수 있었다. 자신의 손해를 감수하면서까지 공익을 실천하는 모습은 오늘날 우리나라의 상류층에게 권해볼 만한 자세라고 생각하지만 현실적으로 가능할지는 모르겠다.

또한 솔론은 식량난을 타개하기 위해 올리브 외의 농산품 수출을 막았다. 그러자 지주들은 유일하게 수출할 수 있는 올리브의 재배 지역을 확대해나가며 수익 창출을 도모했다. 수확한 올리브는 기름으로 만든 뒤 수출했는데 이 때문에 관련 산업도 호황을 누리게 되었다. 올리브유를 추출하는 데 필요한 도구를 제작해야 했고, 기름을 담을 용기인 도자기를 만들 기술자도 필요했기 때문이다. 게다가 올리브는 세정제와 향수의 원료로도 쓰였다.

한편 아테네 사람들은 일찌감치 포도로 해상무역을 하며 부를 창출하고 있었다. 포도는 올리브나무처럼 건조한 기후와 척박한 환경에서도 잘 자라기 때문에 곡식농사를 짓기 어려운 조건을 가진 아테네 일대에서도 재배가 가능했다. 아테네 사람들은 포도주를 만들어 주변 식민지, 카르타고, 페르시아, 이집트 등에 수출했다. 당시에는 보관법이 발달하지 않았기 때문에 포도주가 변질되는 경우가 많았다. 이에 아테네 사람들은 용기 윗부분에 올리브유와 송진을 사용해 변질되지 않도록 했는데, 이 덕분에 그리스 포도주만의 독특함이 탄생할 수 있었다.

아테네의 올리브와 포도주는 그리스 식민지를 통해 지중해 전역으로 팔려나갔다. 경제가 활성화되면서 자연스럽게 일자리가 증가했다. 나라에서는 빚 때문에 노예가 되었다가 자

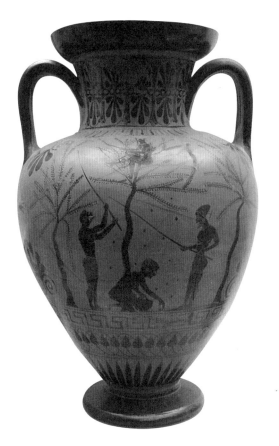

─────── 〈올리브 농사를 짓는 아테네 사람들〉   그리스는 고지대와 섬이 많아
곡식을 생산하기에 쉽지 않다. 그래서 고대 아테네 시민들은 척박한
땅에서도 잘 자라는 올리브와 포도를 주로 생산했다.

유를 얻은 사람들에게 이와 관련된 기술을 배우게 한 뒤 일자리를 제공해주었는데, 그 덕분에 그들은 일정한 수입을 얻어 안정된 생활을 할 수 있게 되었다.

올리브유는 아테네의 특산품으로 큰 인기를 끌었으며 품질까지 좋아 다른 국가나 폴리스, 식민지에서 비싼 가격에 거래되었다. 올리브유의 용기로 쓰였던 도자기까지 품질을 인정받으면서 덩달아 유명세를 얻게 되었고 도자기만 판매하는 경우도 늘어났다. 이렇게 벌어들인 수익은 시간이 갈수록 증가했다. 아테네는 그 돈으로 주변 지역에서 식량을 사들여 만성적인 식량난을 해결할 수 있었다.

## 경제 변화가 불러온 정치 시스템

솔론은 귀족들만 가지고 있던 참정권에도 변화를 주었다. 폴리스 구성원의 다수가 참여해서 정책을 결정하는 기구들을 만들었는데 거기에 참여할 수 있는 사람들의 기준을 혈통과 출신이 아닌 재산으로 정했다. 이것이 바로 '금권정치'다. 돈으로 권력을 사고파는 것으로 보여 반감이 느껴질 수도 있다. 하지만 고대사회가 혈통과 출신을 따지는 신분제 사회였다는 사실을 감안한다면, 견고한 성벽 같은 세습적인 틀을 깨고 후천적인 노력으로 얻을 수 있는 '돈'이라는 새로운 기준을 통해 정치적 권리를 부여했다는 것만으로도 엄청난 사회적 변화였다.

『아테네인의 정체Politeia Athenaion』에 아리스토텔레스Aristoteles가 쓴 것을 보면, 솔론은 재산에 따라 전체 시민을 네 계층으로 나눈 뒤 각 계층이 누릴 수 있는 권리를 조금씩 달리했다. 세금의 60퍼센트를 담당하는 펜타코시오메딤노이pentakosiomedimnoi, 세금의 30퍼센트를 담당하는 히페이스hippeis, 세금의 10퍼센트를 담당하는 제우기타이zeugitai, 세금 면제이거나 경우에 따라 10퍼센트 이하의 세금을 담당하며 민회와 재판에 참석만 할 수 있는 테테스thetes로 계층을 구분했다.

금권정치의 영향력은 근대까지 미쳤다. 영국의 청교도혁명과 명예혁명, 프랑스혁명을 거치면서 권력으로부터 소외되어 있던 자본가 젠트리와 부르주아가 정치적 권력을 가지게 된 것이다. 물론 자본가들에게 부여되었던 선거권은 여러 과정을 거쳐 도시민, 농부와 어부, 광산 노동자에게까지 순차적으로 주어졌다. 시기에 따라 다르지만 이러한 영향이 계속 이어져 여성들도 참정권을 획득하면서 지금과 같은 투표제의 모습을 갖추게 되었다. 이러한 역사적 사례들을 감안한다면, 1948년 정부 수립 이후 처음 실시된 선거에서 남녀 모두에게 동등한 참정권을 준 우리나라는 시작부터 서양의 민주주의 국가들보다 앞선 민주주의를 했다고 볼 수 있지 않을까?

금권은 자본주의의 나라 미국에서 절정에 다다랐다. 우리나라에서 로비라고 하면 청탁과 같은 불법적인 정치 활동을 떠올리지만, 미국에서는 로비가 합법적이다. 그래서 이익단체들은 로비스트를 통해 자신들에게 이익이 될 만한 입법이나 정책 결정 과정에 개입한다. 우리나라도 교역량을 늘리면서 관세를 낮추거나 면세혜택 확대 등의 국익을 위해 로비 활동을 한다.

# 아테네에 영광을 가져다준
## 은

## 아테네를 해양국가로 탈바꿈시킨 은광

솔론의 개혁으로 계급 간의 갈등이 어느 정도 잠잠해졌을 뿐 완전히 해소된 것은 아니었다. 농민들은 빼앗긴 토지의 일부를 돌려받았지만 그들이 진정으로 원한 것은 균등한 배분이었다. 또한 폴리스가 필요로 하는 재정적 부담을 짊어지는 조건으로 참정권을 얻은 상인들도 보다 더 합당한 대우를 원했다. 게다가 소수가 과점하던 권력을 다수의 시민과 공유하게 된 귀족들의 불만도 만만치 않았다. 재산 정도에 따라 저마다의 권한을 부여받았지만, 그 권한의 크기에 대한 계층 간의 불만이 또 다른 갈등을 야기했다. 기득권을 쥐고 있던 귀족들은 농민들과 상인들의 발호를 경계해 참정의 범위를 제한하려고 했다. 결국 재산에 따른 차별에 대한 불만은 계급 간의 단순한 갈등을 넘어 내전 직전의 상황으로까지 치달았고, 분열을 일으키는 근본적인 문제 중 하나인 대물림되는 가난에 대한 사회적 대책이 미비하자 갈등의 골은 더욱 깊어졌다.

이러한 상황에서 농민과 상인 들의 지지에 힘입어 쿠데타를 일으켜 권력을 잡은 페이시스트라토스Peisistratos는 참주가 되어 독재정치를 펼쳤다. 그는 자신의 권력을 강화하기 위해 표면적으로는 다수의 시민을 위한다는 명분을 내세워 가장 큰 권력을 가지고 있었던 소수의 귀족 세력을 약화시키고자 했다. 의도야 어찌되었든 그의 정치적 전략은 재정적인 기여가 컸던 상공업 종사자들의 지지를 얻었다. 페이시스트라토스는 독재의 정당성 확보와 중앙집권을 강화하기 위해 구성원의 다수였던 농민과 하층민을 위한 정책도 실시하며 지지기반을 단단하게 다져갔다. 특히 그는 개혁의 일환으로 육군 위주로 편성되었던 군대 구조에도 변화를 주었다. 해군 육성에 투자하면서 향후에 아테네가 해양으로 뻗어나갈 수 있는 구조적인 기반을 마련했다.

이후 서기전 493년에 집정관에 선출되면서 권력을 쥔

테미스토클레스Themistocles는 그리스의 폴리스들을 위협하던 페르시아를 상대하려면 해군력을 증강해야 한다고 생각했다. 강한 해상전력을 갖추기 위해 여러 방편을 강구하며 노력하지만 막대한 재원을 감당할 방법이 없었다. 이런 와중에 판을 뒤흔든 사건이 발생했다.

이 사건은 아테네를 포함한 그리스의 폴리스들뿐만 아니라 동서양 전체의 운명을 바꾸는 일이었다. 서기전 483년에 라우레이온 은광이 발견된 것이다. 은광의 발견으로 적자에 시달렸던 아테네의 재정이 단숨에 흑자로 반전되는 드라마틱한 상황이 펼쳐졌다.

아테네는 은광 덕분에 선박을 정박할 수 있는 항만을 건설할 수 있게 되었다. 그리고 에게해의 해상권을 장악하기 위해 '갤리선'이라 불린 3단 노선을 200여 척 건조해야 한다는 테미스토클레스의 의견을 의회에서 통과시켰다. 은 채굴과 항만 건설, 갤리선을 만드는 작업에는 빈민층뿐만 아니라 시민들이 소유한 노예들도 투입되었다. 노예들 대신에 주인들이 임금을 받았기 때문에 노예가 많으면 많을수록 더 많은 은전을 벌 수 있었다. 아테네 시민들이 더 많은 노예를 확보하기 위해 노예 상인을 찾으면서 노예 거래는 산업화되었다. 물론 노예들과 같은 노동 현장에 투입된 빈민들도 은전을 급여로 지급받았다.

〈은광에서 일하는 아테네 사람들〉　아테네 사람들이 은광에서 일해
번 돈을 쓰기 시작하면서 내수시장이 다시 살아났다. 소비가 증가하
자 생산과 수입도 그에 비례해 늘어났으며, 그 결과 주변 나라의 많
은 재화가 아테네로 몰렸다.

이제 빈민들은 더 이상 빈민이 아니었다. 빈민들은 품삯으로 받은 은전을 가지고 생필품을 구입하는 데 사용했고, 풍족하지는 않더라도 생활수준이 점차 향상되었다. 더불어 노예 주인들의 소비도 증가하자 상인들은 또 다시 판매할 물건을 확보하기 위해 새로운 교역지를 찾아 떠날 수밖에 없었다. 은의 순환 고리는 이렇게 아테네 경제의 선순환을 만들어냈고 생산과 도매, 소매 과정을 계속 거치면서 부가가치의 창출로 이어졌다. 돈이 돌면서 시장은 활기를 띠었고 재화와 돈이 도는 회전 속도가 빨라질수록 아테네 경제의 발전 속도도 빨라졌다.

은광 개발로 인한 일자리 창출을 시작으로 내수시장이 활성화되자 아테네는 주변 폴리스들의 부러움을 산 것은 물론 경쟁 관계에 있던 스파르타나 테베에 비해 경제적 우위를 점유하게 되었다. 이제 아테네의 경쟁 상대는 에게해 건너편에서 세력을 확장하던 페르시아밖에 없었다.

막대한 비용을 투자한 200여 척의 갤리선이 완성되자 아테네는 이를 앞세운 막강한 해군을 보유하게 되었다. 해상무역 덕분에 해운산업은 꽤 발달했지만 해군력이 볼품없던 과거와는 다른 모습이었다. 아테네는 일찍이 최강의 해군을 양성해 에게해의 제해권을 장악하고 상권을 독점해 부유함을 누리던 아이기나를 부러워하면서도 시기했다. 테미스토클레스는 아테네 시민들의 이런 감정을 이용한 덕분에 갤리선을 건조할 수 있었고 때마침 어마어마한 은광이 발견되면서 금전적인 문제도 해결할 수 있었다. 아테네 해군은 아이기나 해군을 능가했으니 에게해는 아테네의 것이나 다름없었다.

## 페르시아와의 갈등을 불러오다

다만 한 가지 문제가 있었다. 시장에 은이 많이 풀리자 은의 희소성이 떨어지면서 물건의 가격이 오른 것이었다. 아테네가 과도하게 풀어버린 통화(은)로 인해 인플레이션이 발생하자 물건의 가치가 커지면서 가격이 오른 것이다. 이는 아테네와 같이 '드라크마'를 사용하던 그리스 전역으로 확대되었다.

상대적으로 희소성이 커진 품목이 하나 더 있었다. 바로 금이었다. 아테네는 은에 비해 금의 보유량이 현저히 적었다. 희소성 때문에 금의 가격은 계속 올라갔다. 셈이 빨랐던 페르시아 상인들은 이러한 기회를 놓치지 않았다. 당시 페르시아가 은을 사용하기는 했지만 물건을 거래할 때는 금을 주로 썼다. 페르시아는 그리스보다 사용하는 은의 양이 적었기 때문에 금이 은보다 비싸기는 했지만 그리스처럼 금과 은의 가격 차이가 그렇게 크지 않았다. 반대로 그리스 전체가 가진 금의 양은 많지 않았다. 은의 사용량이 급증하다 보니 금의 가치가 은보다 상대적으로 높아져 금과 은의 가격 차이가 많이 벌어져 있었다. 페르시아보다 그리스에서 금과 은의 환율의 격차가 상대적으로 더 커진 것이다. 결과적으로 은을 기준으로 봤을 때 금은 페르시아보다 그리스에서 더 비싸게 거래되고 있었다. 이에 페르시아 상인들은 금을 그리스로 가져가면 더 많은 은을 받을 수 있다는(비싼 값에 처분할 수 있다는) 사실을 깨달았다. 이들은 다른 나라 상인들이 이런 상황을 알아채기 전에 조금이라도 더 많은 이익을 얻기 위해 재빨리 움직였다. 페르시아 상인들은 금을 가지고 그리스로 가서 더 많은 은으로 교환했다. 더 큰 시세차익을 얻게 된 것이다. 지금으로 따지면 환차익을 노렸다고 볼 수 있다. 그런데 생각지도 못한 문제가 발생했다. 그리스는 물건 가격을 정할 때 은을 기준으로 매기고 거래에 은을 사용하는 은본위제를 유지했지만, 페르시아는 상거래 행위를 할 때 금을 기준으로 거래하는 금본위제 국가였기 때문이다.

상인 한두 명으로 시작된 환차익거래로 이익이 발생했다고 소문나자 많은 상인이 큰돈을 벌기 위해 금을 가지고 그리스로 몰려들었다. 그 결과 페르시아의 금이 대량으로 그리스에 유출되면서 금본위제 국가인 페르시아에 금이 부족해졌고 통화 시장이 왜곡되면서 상품이 거래되는 내수시장은 대혼란에 빠졌다. 그리스는 대량의 은 광산을 보유한 덕분에 유리한 고지에 있어서인지 이러한 상황을 조용히 즐겼다. 반대로 페르시아로서는 더 이상 손 놓고 있을 수만은 없는 심각한 상태에까지 이르게 되었다. 이런 와중에 아나톨리아반도에서 발생한 반란을 진압하기 위해 페르시아가 군대를 보내면서 두 세력 간의 군사적 긴장감이 높아졌다. 결국 서기전 480년, 페르시아는 군대를 태운 함대를 그리스에 보내기로 결정했다. 테미스토클레스의 예상대로 전쟁이 시작된 것이었다. 금의 급격한 유출은 페르시아 경제에 혼란을 가져왔고 살림살이가 힘들어진 페르시아인들의 불만을 더 이상 묵과할 수 없었기에, 결과적으로 페르시아는 전쟁이라는 선택을 어쩔 수 없이 강요받았다고 할 수 있다.

　　페르시아의 크세르크세스 1세Xerxes I는 대군을 앞세워 아티카를 점령하는 등 승리를 눈앞에 두고 있었지만 살라미스해전에서 대패하면서 후퇴했다. 역사를 통해 알고 있듯이 그리스의 승리였다. 전쟁에서 승리한 그리스의 폴리스들은 동양의 고대문명으로부터 문명 태동의 씨앗을 받았던 과거의 종속에서 벗어나 독자적인 세력으로 성장하는 전환점을 맞게 되었다. 페르시아를 물리친 뒤 지중해의 패권을 장악하게 된 그리

────── 빌헬름 폰 카울바흐, 〈살라미스해전〉, 1868년　서기전 480년 9월 25일, 살라미나섬 동쪽에 주둔하고 있던 그리스 연합군과 이들을 봉쇄한 페르시아 사이에서 일어난 전투를 그린 것이다. 세계 최초의 동서양의 대결이라 불리는 페르시아전쟁은 살라미스해전으로 승패가 갈렸다. 이 해전에서 그리스가 승리를 거두면서, 페르시아전쟁에서 그리스가 승리하는 결정적인 계기가 되었다.

스는 지중해 일대에 식민지를 건설해 그리스만의 문화를 전파했다. 향유된 문화는 그리스를 동경한 로마가 성장하는 데 기초가 되었으며 중세로 이어져 독자적인 유럽 문화의 뿌리가 되었다. 즉 오늘날 서구 문명의 원류는 그리스 문명이다.

은광으로 구축된 해군력이 없었더라면 그리스가 패했을 가능성이 높다. 페르시아는 경제가 어려운 상황에서 전쟁을 치르다 보니 경제적인 뒷받침이 부족했다. 전쟁이 장기화되면 물자 보급 능력이 전쟁의 승리를 좌우한다. 이러한 점을 감안하다면 두 세력 간의 전쟁에서 페르시아가 여러모로 불리한 상황이었다는 것을 알 수 있다. 아테네를 중심으로 한 그리스의 폴리스들은 은광을 통한 안정적인 은 확보가 가능했을 뿐 아니라 페르시아로부터 대량으로 유입된 금이 있었기 때문에 전쟁을 수행하는 데 필요한 물자 조달을 비롯한 전쟁 지속 능력이 훨씬 앞설 수밖에 없었다. 이러한 경제적 차이는 결국 전쟁의 승패를 넘어 국가와 세력의 흥망에도 영향을 주었다.

현대의 많은 나라가 이 같은 역사적 사례를 거울삼고 있다. 실제로 세계 초강대국이라고 불리는 미국마저도 군수물자 조달을 분산하지 않으려고 전선을 두 곳으로 나누지 않는다.

# 바다의 축복,
소금

## 소금에서 시작된 로마제국

한국인이 먹는 거의 모든 음식에는 알맞은 맛을 내기 위해서 '간'이라는 것을 한다. 이때 주로 사용되는 재료는 짠맛을 내는 소금이다. 소금을 적절하게 사용하면 입맛을 돋워 주고 식재료 고유의 풍미와 식감을 살릴 수 있다.

소금은 염전에서 만들어낸다. 좋은 소금을 생산하기 위해서는 조수 간만의 차가 뚜렷해야 하며 잘 발달된 갯벌을 갖춘 곳이어야 한다. 이러한 조건에 딱 들어맞는 곳이 서해안 이다. 물론 환경이 좋다고 해서 소금이 저절로 만들어지는 것은 아니다. 날씨, 시간과 함께 만드는 이의 정성과 노력 등도 제대로 맞아떨어져야 한다. 이런 이유들 때문에 소금은 예전부터 귀한 대접을 받았다.

그래서인지 소금은 생각지도 못한 곳에서 등장하기도 한다. 다음 쪽에 있는 그림을 한번 살펴보자. 얀 마테이코Jan Mateiko가 그린 작품으로, 1581년 폴란드와의 전투에서 패한 차르국의 사신이 평화협정을 맺으러 폴란드 왕을 접견하는 장면을 그린 것이다. 여기서 주목해야 할 점은 사신이 들고 있는 쟁반이다. 그는 빵과 소금을 바치며 평화협정을 제안하는데, 소금은 양국의 우호와 변치 않는 약속을 상징한다.

소금은 만들기까지 긴 시간과 고된 노동이 들어갔기 때문에 값어치가 높았다. 교통수단이 발달한 오늘날에는 소금을 내륙으로 운반하는 것이 쉽지만, 예전에는 쉽지 않은 일이었다. 선사시대에 바다에 잠겨 있던 지역이 융기한 경우에는 육지에서도 소금 광산을 통해 소금을 얻을 수 있었지만 채굴 비용과 운송비가 높아 가격이 비쌌다. 그래서 여러 국가나 도시에서 화폐를 대신해서 사용하거나 군인에게 급료를 지급하는 용도로 쓰기도 했다. 고대 로마에서도 소금을 급료로 사용했다.

신화에 따르면 이탈리아는 서기전 753년에 로물루스

———— 얀 마테이코, 〈소금을 바치는 러시아 사신〉, 1872년    소금은 같은 양의 금과 교환될 만큼 귀하고 비쌌다. 기독교에서는 소금이 신과 인간, 인간과 인간의 변치 않는 약속을 상징한다고 여겨 세례 때 소금을 쓰기도 했다. 이 그림을 통해서도 당시 유럽 사람들에게 소금이 어떤 의미였는지 짐작할 수 있다.

Romulus에 의해 세워진 로마Rome라는 이름을 가진 도시에서 시작되었다. 숙부에 의해 테베레강 가에 버려진 로물루스와 레무스Remus 형제는 늑대의 젖을 먹으며 살아남아 세력을 키웠다. 하지만 주도권을 두고 다투다가 로물루스가 레무스를 죽인 뒤 강 하류에 터를 잡고 자신의 이름을 따 로마라고 불렀다.

신화를 맹신하기보다 지리적, 고고학적 증거들을 바탕으로 한 로마의 기원에 대한 연구가 한창 진행되고 있는데, 학자들이 주목하고 있는 것 중 하나가 바로 소금이다.

남북으로 길게 뻗은 아펜니노반도(이탈리아반도)는 동쪽으로는 아드리아해, 서쪽에는 나폴레옹 보나파르트Napoléon Bonaparte의 고향인 코르시카섬이 있는 티레니아해, 남쪽으로는 이오니아해로 둘러싸여 있다. 티레니아해에 면해 있는 토스카나 지역은 메디치가가 군림했던 피렌체와 사탑이 있는 피사가 자리한 곳이다. 이곳을 중심으로 고대에 에트루리아인들이 나라를 세웠다.

서기전 6세기 말 에트루리아는 북부와 중부 이탈리아의 지배 세력으로 맹위를 떨쳤으며, 테베레강 하류에 자리 잡고 있던 초기 로마는 에트루리아의 영향을 받으며 성장했다. 테베레강에 지금까지 알려진 곳 중에서 가장 오래된 인공 염전이 있었다고 한다. 그래서 로마의 경제는 이웃한 에트루리아에서 생산되는 소금에 의존할 수밖에 없었다. 갓 태어난 로마는 젊고 활동적이었기에 국가를 운영하는 데 많은 양의 소금이 필요했다. 로마는 소금 산지 확보에 열을 올렸지만 쉽지 않았고 에트루리아로부터 사올 수 있는 소금의 양도 한정되어 있어 고민이 깊었다. 그때 로마의 눈에 띈 나라가 페니키아였다. 페니키아는 바닷물을 햇빛에 증발시켜 최초의 천일염을 만든 나라였다. 문제는 무척 비싸다는 것뿐이었다. 품질이 좋은 페니키아산 소금은 아주 비쌌는데, 때로는 금보다 비싸게 거래되었다.

로물루스부터 시작되는 초기 로마의 왕정 시대에는 7명의 왕이 등장한다. 이 중에서 네 번째 왕인 안쿠스 마르키우스 Ancus Marcius는 서기전 640년경 로마에서 남서쪽으로 24여 킬로미터 거리에 자리한 오스티아 안티카를 점령해 로마의 영토를 넓혔다. 바닷가인 이곳을 점령한 이유는 다른 나라와의 교역을 위한 항구를 확보하는 것도 있었지만 귀한 대접을 받던 소금을 생산하는 시설을 만들기 위한 이유가 컸다. 바닷물을 가둔 뒤 작열하는 태양으로 수분을 증발시켜 만드는 백색의 금, 소금 말이다.

오스티아 안티카는 현재는 매립되어 있어 그 흔적을 찾아볼 수 없지만 인근의 피우미치노에 새로운 항구가 생기기 전까지 로마에서 생산된 소금을 수출하고 지중해 일대에서 수입되는 곡물을 교역하는 역할을 담당하던 항구였다. 로마의 젖줄인 테베레강을 중심으로 위아래에 자리한 두 도시는 당시 국제도시로 성장하며 지중해에서 이름을 알리기 시작한 로마로 가기 위한 관문이었다.

로마가 확보한 소금은 테베레강을 타고 내륙으로 운반되어 무역을 통해 여러 지역으로 팔려나갔다. 육상 운반은 위험 부담이 크고 비용도 많이 들었지만 강길 따라 배로 많은 양의 소금을 운반한 덕분에 비용을 꽤 많이 줄일 수 있었다. 로마는 운송비의 감소로 가격경쟁력을 높일 수 있었다. 이런 장점을 살린 로마의 소금은 테베레강 유역에 자리한 여러 도시와 국가들에 인기가 좋았고 그 덕택에 젊은 도시 로마도 부를 쌓을 수 있게 되었다.


## 소금길의 탄생

◆◆◆◆

염호에서 생산되는 소금이나 채굴되는 암염은 생산 비용이 비싸고 품질 면에서 편차가 컸지만 바다에서 채취되는 소금은 염호에서 생산되는 소금보다 품질이 좋았으며 동굴에서 소금을 채굴할 때보다 노동력이 적게 들어갔다. 가격과 품질 면에서 경쟁력을 가졌던 로마의 소금을 찾는 사람들이 많아지면서 로마는 소금 거래의 중심지로 변모하기 시작했다. 이곳에서 거래되는 소금은 내륙을 넘어 지중해 일대로 퍼져나갔다.

오스티아 안티카에 조성된 염전에서 생산되었던 소금은 황금 못지않은 귀한 대접을 받으며 테베레강을 타고 상류로 이동되었다. 로마의 상인들은 배에 소금을 싣고 강 유역에 자리한 촌락과 도시에 들러 흥정과 교역을 이어갔다. 교역을 통해 얻은 이익은 식량을 확보하는 데 쓰였다. 늘어난 인구만큼 필요했던 식량을 더 많이 확보하기 위해서는 더 많은 소금을 생산해야 했고 교역도 더 활발하게 진행해야 했다.

소금 판매로 짭짤한 이익을 맛본 로마는 아펜니노반도 동쪽 끝 아드리아해와 면해 있던 염전에서 만들어지는 소금까지 확보하기 위해 길을 만들었다. 이 길을 만들기 위해 높은 곳은 바위와 흙을 깎았고 낮은 곳은 깎았던 바위와 흙으로 메웠다. 이렇게 만들어진 길이 로마 최초의 광역권 길로 알려진 '살라리아 길Via Salaria'이다.

이 길이 만들어진 최초의 목적은 단 하나였다. 소금 때문이었다. 당시의 소금은 돈이었기에 결국은 돈 때문에 길이 만들어진 것이었다. 지중해 일대는 절벽으로 이루어진 해안선이기 때문에 로마인들은 염전을 만들기가 쉽지 않았을 것이다.

하지만 생산하기 어려운 만큼 확보되는 소금의 양이 많아진다는 것은 로마가 확보하는 부의 크기도 증가한다는 것을 의미했다. 그래서 로마의 지도부는 로마 주변에서 생산되는 소금 외에도 다른 지역에서 생산되는 소금까지 확보하기 위해 노력했다. 소금길로 이어지는 다른 도시나 다른 지역의 염전에서 생산되는 소금을 모두 사들여 로마를 소금 교역의 중심지로 만들고자 했다.

당시 로마에서는 소금이 다양한 용도로 사용되었다. 땀을 흘리며 힘든 일을 하는 일꾼에게 지급되었을 뿐만 아니라 생선과 육류를 장기간 보관할 수 있는 유일한 방법이었던 염장을 하는 데에도 사용되었다. 소금으로 절인 식재료는 보관성도 뛰어났기 때문에 정복지가 증가함에 따라 장기간 이동해야 하는 군인들의 식량으로 알맞았다.

로마의 위세가 뻗어나갈수록 소금의 수요도 늘어났고 소금으로 벌어들이는 수익 또한 점점 커져만 갔다. 게다가 정복지가 늘어나면서 노예들의 수도 증가했다. 그 결과 소금 생산을 담당했던 로마 시민들의 자리를 노예들이 대체하게 되었다.

왕성한 거래로 인해 소금은 화폐의 기능까지 겸하게 되었다. 이후에도 소금은 통화가 본격적으로 사용되던 제정 로마가 성립되기 전까지 급료로 쓰였다. 소금 도시를 의미하는

'잘츠부르크Salzburg'부터 소금의 값어치를 표현했던 '살라리움salarium'은 시대와 언어권을 넘어 오늘날 일상적으로 사용하는 '샐러리(급여salary)'와 '샐러리맨(봉급생활자salary man)'이라는 표현을 만들어냈다. 당시의 군인들이 급료로 소금을 받다 보니 당시에는 '살 다레sal dare'로 불렸지만 지금은 '솔져soldier'로 불리고 있다.

한편 소금은 바다에서 멀리 떨어진 곳일수록 더 비쌌기 때문에 다른 나라와 도시의 상인들이 로마에서 소금을 사들인 뒤 먼 곳까지 나아가 비싸게 파는 등 폭리를 취하기도 했다. 먼 거리 이동은 주로 육지를 이용했지만 알프스처럼 지형이 험준한 곳은 피하고 바닷길을 통해 운반했다. 해상을 통한 원거리 교역이 계속되면서 항해술의 발달과 항로 개척이라는 효과를 불러왔다.

소금길을 통한 교역이 계속되면서 소금 외에 다양한 문물과 인적 교류도 이어졌는데 이는 로마가 다른 나라의 정세를 파악하는 데 결정적인 기여를 하게 된다. 소금길을 통해 식량으로 사용할 밀과 포도주, 올리브와 생선, 해산물 같은 물자가 오고가기도 했다.

건국 초기 나약한 도시국가에 머물렀던 로마에게 소금길은 젖줄과도 같았으며 소금은 부를 창출하는 동력의 원천이었다. 로마는 훗날 이 길을 통해 주변 국가로 진출하면서 대제국을 건설했다.

　흔히 세상에 필요한 사람을 '빛과 소금' 같은 존재라고 표현한다. 일반적으로도 쓰이고 종교적인 의미로도 사용된다. 바닷물을 가둬놓으면 시간이 갈수록 수분이 증발하면서 소금으로 변하듯 소금으로 부를 쌓기 시작한 로마는 시간이 갈수록 아펜니노반도를 넘어 지중해와 유럽의 빛이 되어가고 있었다.

# 로마가 제국으로 성장할 수 있었던 동력, 길

## "모든 길은 로마로 통한다"

자동차, 버스, 철도와 같이 지상에서 움직일 수 있는 교통수단이 다양한 오늘날에도 80,000여 킬로미터의 도로망을 갖춘 나라는 많지 않다. 지금도 미국, 중국과 같이 광활한 영토를 가진 나라에서나 가능한 '길이'다. 게다가 넓은 땅을 가지고 있는 나라라고 해서 모두가 만들 수 있는 것도 아니다. 도로를 건설할 때 들어가는 비용도 적지 않지만 유지보수에도 많은 비용이 들어가기 때문에 이를 감당할 수 있는 충분한 경제력이 매우 중요하다.

길은 유지보수를 위해 넓은 지역 곳곳에 필요한 물자와 기술자를 보내고 받을 수 있는 경제적인 구조와 여건을 갖추어야 운영될 수 있다. 로마가 거대한 제국으로 성장할 수 있었던 여러 이유 중에 하나도 도시와 도시를 연결하고 물자를 운송할 수 있는 80,000여 킬로미터의 도로망은 물론 유지보수를 위한 제반 요소들을 갖추고 있었기 때문이다.

로마는 길을 만들어 개통하는 것을 매우 중요하게 여겼다. 길을 통한 교역이 이루어지면서 초기에는 주요 수출품인 소금을 팔아 식량을 포함한 다른 지역의 물자를 가져올 수 있었다.

길은 로마가 세력을 뻗어나가는 데 중요한 역할을 했다. 왕정이 막을 내리고 공화정이 수립되면서 로마는 정치적인 안정을 이루고 주변에 대한 정복 사업을 활발히 했다. 내부의 결속과 내치의 안정은 개인이나 집단의 힘을 과시하고 영향력 확대를 추구하게 만든다. 로마도 외부 세계로 눈을 돌렸는데, 로마는 길을 따라 주변 나라를 차례대로 정복해가며 힘과 영향력을 과시했다. 자신들이 만든 길을 타고 나아가 새로운 정복지를 속주로 삼으면서 국경을 확대해나갔다. 영토를 넓히던 로마는 전투에 투입된 군대에 물자 보급을 위한 도로망이 필요하다는 것을 절감했다. 물자의 이동을 위해 길을 만드는 것이었기 때문에 바다에는 항만을 건설했고, 육지에는 끊어진 길을 잇기 위한 다리를 만들었다.

정비된 길을 통해 로마의 군대는 먼 곳까지 원정을 갈 수 있었고 로마의 이름으로 치러진 수많은 전투에서 승리하며 여러 곳을 정복할 수 있었다.

로마가 만든 길은 오늘날의 유럽 일대에만 존재하는 것이 아니다. 로마제국이 지배하던 북아프리카와 소아시아를 비롯한 서남아시아와 홍해 일대까지 지중해를 둘러싸고 있던, 거의 대부분의 로마제국 옛 영토에 당시 만들어진 길이 있었다.

17세기 프랑스 시인 장 드 라퐁텐Jean de La Fontaine의 "모든 길은 로마로 통한다"는 말은 로마의 에너지가 유럽과 지중해에 일대에 퍼졌음을 고스란히 드러낸다. 로마제국 때 만들어진 도로망 중에는 지금까지 사용하는 도로가 있을 정도로 견고하다. 프랑스 리옹, 영국 런던, 에스파냐의 발렌시아와 바르셀로나같이 역사가 오래된 유럽의 주요 도시들은 로마제국 때 만들어진 길을 따라 건설된 경우다.

이 길을 타고 정복지의 전리품들과 약탈 물자가 로마로 흘러들어와 귀족들과 시민들은 풍요와 부를 함께 누렸다. 길이 생기는 곳마다 승리의 전리품이 들어오자 로마의 시민들은 길이 생길 때마다 기대감을 가지게 되었다. 황제나 집정관처럼 권력을 가진 사람들은 이러한 로마 시민들의 생각을 잘 알았기 때문에 그들의 지지를 얻기 위해 새로운 길을 만들었다. 그리고 그 길에 자신들의 이름을 붙였다. 그러다 보니 로마에는 권력자들이 자신의 이름을 남기고 치적을 자랑하기 위해 만들어진 길이 늘어났다.

로마가 길을 통해 군대의 이동과 물자의 교역만 한 것은 아니었다. 새로운 정복지에 길을 만들고 그 길을 통해 로마의 글과 법, 화폐, 계량법, 건축술 같은 생활에 필요한 지식과 제도들뿐만 아니라 철학을 비롯한 과학과 사상을 전파시키며 로마의 모든 곳이 동일한 가치관을 가질 수 있도록 했다. 길 덕분에 로마라는 거대한 제국은 오랜 시간 동안 하나의 가치관을 가진 문명권을 형성할 수 있었다. 고대 로마시대에 정복 지역을 의미했던 게르마니아, 브리타니아, 히스파니아, 마케도니아 등이 오늘날에도 국가의 이름이나 지역을 가리키는 용어로 사용될 정도로 그 영향력은 지속되고 있다.

길에 대한 로마인들의 생각은 물길로까지 이어졌다. 로마는 깨끗한 물을 공급하기 위해 일찍이 공공 상하수도를 건설했다. 유럽 도시에 공공 상하수도가 지어진 때가 18세기라는 사실을 염두에 둔다면 로마인들이 얼마나 앞서간 것인지 짐작할 수 있을 것이다. 당시 최대 인구 밀집 도시였던 로마는 귀족들과 시민들의 집에 맑은 물을 공급할 수 있는 수도를 설치

───────── 요한 찬트, 〈아피아 수로〉　　당시 유럽 최고의 문명을 자랑하던 로마의 문명인들은 치수를 위해 아피아 수로를 만들었다. 이 수로 덕분에 로마 사람들은 안전하게 마실 수 있는 식수를 확보할 수 있게 되었다. 당시에 지은 아피아 수로는 오늘날 일부 지역에서 사용할 정도로 잘 관리되어 있다.

했다. 일설에는 로마 사람들이 수도관을 납으로 만든 탓에 납 중독에 걸렸다고 한다. 하지만 실제로 로마인들은 납에 독성이 들어 있다는 사실을 알고 있었기 때문에 흙을 구워 만든 수로관을 썼다. 토관을 놓지 못한 경우에만 납으로 수도관을 만들었다.

길을 통해 문명을 전파했던 로마의 정신은 중세를 지나면서 고대 로마에 대한 향수를 유발했고 르네상스로 이어져 새로운 유럽의 문화가 꽃피는 데 기여했다. 더 나아가 오늘날의 유럽이 EU로 통합하는 데까지 영향을 주었다.

# 지중해 제패의 비결,
# 중계무역

## 염료에서 시작된 페니키아의 무역

척박했던 그리스에 여러 폴리스가 태동한 이후, 인구가 꾸준히 증가하며 폴리스는 성장했지만 식량은 항상 부족했다. 이때 해상무역으로 부족한 식량을 공급해준 사람들이 '카나안'의 상인들이었다. 카나안은 성경에 나오는 가나안과 동일한 곳으로, 이 지역 출신들은 스스로를 '카나안'이라고 불렀다. 그리스 사람들은 이들을 자주색 염료를 의미하는 '포이니케'나 '포에니키아'라고 불렀다. 우리가 일반적으로 '페니키아'라고 부르는 곳이다. 그리스인들보다 먼저 해상에 진출해 무역으로 세력을 떨치고 있던 페니키아는 당시 지중해의 제왕이었다.

지금은 이스라엘과 레바논이 있는 비옥한 초승달 지대의 중간인 레반트 지역에 위치했던 페니키아는 그리스보다 앞선 폴리스(도시국가)의 연합체였다. 페니키아는 트리폴리, 비블로스, 베리투스(지금의 베이루트), 시돈, 사렙타(지금의 사라판드), 티레, 아크레, 도르 같은 폴리스들로 구성되어 있었고 해양 진출을 하던 지역답게 해안선을 따라 이어져 있었다. 이들 중에서 대표적으로 비블로스, 시돈, 티레가 보라색 염료로 물들인 옷감으로 만든 옷을 입으며 옷감과 염료를 비롯한 다양한 품목을 무역하면서 두각을 나타내 페니키아라는 이름이 널리 알려지게 되었다.

페니키아인들은 수메르와 이집트, 에게해가 위치한 동지중해 일대를 중심으로 활발한 상업 활동을 했다. 그리스에는 이집트에서 확보한 곡물을 비롯한 식량자원을 공급했고, 그리스의 올리브유와 포도주를 다른 지역에 중계무역하며 큰돈을 벌었다. 포도주는 오랜 항해와 지중해성기후로 변질될 수 있어 송진을 넣은 올리브유를 그 위에 부어서 균이 침입하지 못하도록 한 방법이 유명해져 지금도 이런 방식으로 포도주를 생산하고 있다. 페니키아 상인이 거래하던 도자기와 건어물은 그리스의 대표적인 교역 품목이었다. 그 외에 아프리카 지역은 상아나 귀금속으로 만든 공예품이 유명했고 수메르를 포함한 아라비아 지역은 유향과 향신료 같은 사치품이 알려져 있어 페니키아 상인들이 주로 거래하던 품목에 이름을 올렸다. 그들은 히스파니아 지역의 은이나 기타 광물을, 에게해 근처의 키프로스섬에서 채굴되는 구리 같은 광물을 사들여 필요로 하는 지역에 공급하기도 했다.

페니키아와 교류가 활발했던 것으로 알려진 이집트의 경우, 그곳에서 발견된 미라 중 일부에 남아메리카 대륙이 원산지인 담배와 코카나무를 사용한 흔적이 발견되었다. 이를 두고 '이집트인보다는 바다에 익숙했던 페니키아인이 아메리카에 진출한 증거 아니겠느냐?'라는 주장이 설득력을 얻고 있다.

동쪽 끝에 자리를 잡았던 페니키아는 당시 지중해 서쪽 끝인 지금의 영국령 지브롤터와 에스파냐령 세우타를 비롯해 모로코 일대까지를 식민지로 두며 지중해의 해상무역을 주름잡고 있었다. 페니키아는 서지중해에서 보다 원활한 해상 활동을 하고 시칠리아와 북아프리카에 거점을 확보하기 위해 새로운 식민지들을 건설했다. 페니키아가 건설한 식민도시 중 가장 번성하고 가장 많이 알려진 곳이 바로 카르타고다. 카르타고는 훗날 레반트 지역에 있던 페니키아의 여러 도시국가가 마케도니아에 흡수되자 서지중해 지역까지 펼쳐져 있던 페니키

─────── 〈페니키아의 갤리선〉　　페니키아가 지중해 무역을 장악할 수 있었던 데에는 당시 경쟁을 벌이던 다른 나라들에 비해 상대적으로 앞서 있던 우수한 조선술과 항해술이 뒷받침되었기 때문이다.

아 식민도시들의 우두머리 역할을 하게 된다.

　페니키아는 바다를 통해 무역을 하는 것이 일상이었던 만큼 조선술과 항해술이 자연스럽게 발달하게 되었다. 이들의 조선술은 최초의 갤리선을 개발할 정도로 뛰어났다. 배의 크기가 작아서 풍랑에도 쉽게 영향을 받았기 때문에 연안 항해가 주를 이루었지만 이집트 파라오의 지원을 받아 갤리선을 타고 홍해를 출발해 아프리카의 해안 일대를 일주한 기록은 그들의 항해술이 얼마나 뛰어났는지를 말해준다. 그 외에도 배를 항해하면서 밀물과 썰물 같은 조류의 흐름을 활용했고, 야간 항해를 할 때는 별의 위치를 활용하다 보니 천문학도 발달하기 시작했다.

　중계무역을 활용해 이룩한 부는 더 많은 부를 획득하기 위한 식민지 건설로까지 이어졌다. 호기심과 용기가 기반이 된 탐험을 통해 쌓은 많은 경험은 페니키아인들이 지중해를 중심으로 그 세력을 넓히면서 부를 쌓을 수 있는 원동력으로 작용했다. 부를 얻을 수 있다면 페니키아인들은 어디든 갈 준비가 되어 있었다.

　기독교 경전인 『에스겔서』에서 상아로 만든 배와 은으로 닦은 길, 금으로 누대를 쌓아 올렸다고 언급한 부분은 페니키아의 중심인 티레가 누리던 경제적 풍요가 어느 정도였는지를 짐작하게 해준다. 지금은 지중해 힘의 균형이 여러 나라에 의해 어느 정도 이루어져 있지만, 당시에 지중해의 패권을 장악했다는 것은 지중해에서 발생하는 부를 장악했다는 뜻이기도 했다.

# 스위스 부의 기반,
# 용병

## 비즈니스의 기본은 신뢰다

유럽의 지붕이라고 불리는 알프스는 서유럽의 최고봉인 몽블랑을 품고 있다. 천혜의 요새이지만 전 국토가 알프스산맥으로 빙 둘러싸여 있는 고립된 분지였기 때문에, 지금으로부터 150여 년 전까지도 스위스는 유럽에서 가장 가난한 곳이었다. 이러한 자연환경 탓인지 스위스는 정치적으로나 경제적으로 통합된 하나의 세력을 이루어 발전하기가 어려웠다. 게다가 하늘과 맞닿아 있는 알프스에는 만년설이 늘 쌓여 있어 한여름에도 냉해가 심해 농작물이 잘 자라지 못하는 등 농사를 지으며 사람이 살기에 척박했다.

이런 환경 때문에 훗날 성략결혼을 통해 유럽을 상악했던 합스부르크 가문은 원류가 스위스였음에도 오스트리아를 차지한 뒤에는 신성로마제국과 오스트리아를 관리하는 데에만 집중할 뿐 스위스에는 많은 관심을 두지 않았다.

한편 합스부르크 왕가가 통제와 억압으로 일관하며 스위스의 발전이나 성장에는 관심을 갖지 않자 1273년에 슈비츠를 비롯한 스위스의 4개 주는 오스트리아의 탄압으로부터 공동 대응하기로 동맹을 맺고 오스트리아를 포함한 외부 공격에 대한 대비를 시작했다.

신성로마제국과 주변의 혼란을 안정시킨 합스부르크 가문의 오스트리아 공작 레오폴트 1세Leopold I는 군대를 모아 스위스를 침공하기에 이르렀다. 하지만 대항하는 세력이 없자 방심하고 있던 레오폴트 1세는 동맹군의 갑작스러운 기습(1315년 11월 15일)을 당하고 말았다. 이를 '모르가르텐 전투'라고 부른다. 오스트리아에 맞섰던 동맹은 브루넨 협정(1315년 12월 9일)을 맺고 동맹의 성격과 유대 관계를 더욱 강화해나갔다. 전의를 상실한 오스트리아와 1318년 휴전을 맺으면서 스위스는 정치적으로나 안보적으로나 안정을 찾기 시작했다.

앞서 이야기했듯이 스위스는 식량을 생산하기 어려운

환경이었다. 그래도 살아야 하니 허기를 채워야 했고 먹고사는 것이 해결되지 않자 스위스 사람들은 돈을 벌기 위해 용병을 수출하기로 했다. 당시 유럽은 어지럽게 얽힌 혼인 관계와 상속으로 갈라지고 나뉜 지역이 많아 이권 다툼이 끊이지 않았다. 자본주의가 득세하기 전 가장 큰 재산은 식량 생산을 위한 땅과 노동력을 제공하던 농노였다. 그 때문에 영지를 차지하기 위한 전쟁이 끊이질 않았고 귀족들을 포함한 영주들은 병력이 부족하면 돈으로 용병을 모집했다. 전쟁은 유럽에 있어 혼란이었지만, 스위스인에게는 돈을 벌 수 있는 일자리였다. 스위스 남성들은 다른 국가들이 전쟁을 하면 단체로 용병으로 들어가거나 개인적으로 용병 활동을 했다. 그리고 그렇게 해서 받은 돈을 본국의 가족들에게 생활비로 보냈다.

스위스 용병들이 명성을 떨치게 된 것은 '1527년의 로마 약탈' 때문이었다. 이탈리아는 모든 길을 로마로 통하도록 만들어놓은 덕분에 위세가 등등할 때에는 군대 이동이나 물자 운반에는 용이했으나, 쇠락의 길을 걷고부터는 오히려 적국이 약탈하는 수단으로 이용하는 바람에 곤혹을 치르곤 했다.

1527년에 일어난 로마 약탈은 당시 유럽에서 가장 강했던 두 개의 용병 부대가 격돌한 것으로도 유명하다. 바로 스위스 용병과 란츠크네히트 용병이다. 란츠크네히트는 신성로

———— 요하네스 린젤바흐, 〈1527년의 로마 약탈〉, 17세기경　1527년 5월 6일, 신성로마제국 카를 5세의 군대가 로마 교황청을 정복, 약탈하기 시작했다. 이들에 맞서 끝까지 싸운 사람들은 스위스 용병이었다.

마제국의 영주들이 스위스 용병을 견제하기 위해 육성한 군대로, 고지대 용병을 의미하는 스위스 용병과 비교해 '저지대의 하인'이라는 뜻에서 이런 이름을 붙였다. 용병이라도 동포 간의 전투는 피하고 신의를 중시한다는 원칙이 있었던 스위스 용병과 달리 란츠크네히트 용병은 돈 앞에서 어제의 적이 오늘의 동지가, 어제의 동지가 오늘의 적이 될 수 있었다. 란츠크네히트 용병은 오로지 돈만을 추구했기에 잔인한 명성을 얻었다. 그들은 신성로마제국으로부터 받지 못한 돈을 받기 위해 로마로 쳐들어간 뒤, 모든 것을 파괴하고 약탈했다. 이 과정에서 교황청을 지키기 위해 사력을 다해 싸웠던 스위스 용병 189명 중 147명이 전사했다. 교황은 남은 42명의 용병에게 스위스로 돌아가라고 명령했지만, 이들은 교황의 명령에 불복하고 교황이 안전하게 피신할 수 있도록 끝까지 남아 싸우다 모두 전사했다.

1789년에 시작되어 유럽을 뒤흔든 프랑스혁명에서 루이 16세를 지키기 위해 목숨을 내던졌던 600여 명의 병력도 스위스 용병이었다. 1792년 8월 10일 이후 시작된 이들의 희생은 시간적인 차이는 있지만 칼 요제프 폰 바흐만Karl Josef von Bachmann 대령의 처형을 끝으로 모두 사망했다. 루이 16세가 '이만 떠나도 좋다'는 허락을 했음에도 끝까지 혁명군에 맞섰던 이들의 용맹함은 온 유럽에 전해졌다. 전해지는 이야기에 따르면 스위스 용병들은 자신들이 신뢰를 저버리고 떠난다면 후손들이 용병으로 활동할 수 없을 거라 생각해 프랑스 왕실을 지키다 죽어갔다고 한다. 그만큼 스위스에서 용병이라는 직업은 가족을 부양하기 위해 목숨이 담보되었던 처절한 생존 수단이었다. 후손들은 이러한 선조들의 정신을 기리기 위해 루체른 시내에 사자상을 세웠다.

이런 역사적인 사건들을 통해 스위스 출신의 용병은 용맹함을 넘어 오늘날 신뢰의 상징으로 자리를 잡았다. 그리고 스위스 용병들의 이러한 태도 덕분에 19세기 초까지 용병 수출이 이어졌고, 이는 스위스가 성장하는 데 밑바탕이 되었다.

1848년에 스위스가 연방헌법을 제정하고 연방국가로 발돋움하면서 더 이상의 용병 수출은 금지하고 있다. 다만, 예외인 데가 한 곳 있다. 바로 교황의 안전을 책임지는 바티칸 교황청 근위대다. 바티칸시국에서 전 세계 가톨릭의 수장인 교황의 안전을 책임지는 것은 이탈리아 군인이 아닌 스위스 용병이다. 으레 용병이라고 하면 전투력은 강하지만 충성심은 기대할 수 없는 존재로 생각된다. 하지만 역사에서 알 수 있듯이 스위스 용병은 달랐다. 이런 역사적 배경들로 로마교황청의 안전은 스위스 용병들에게만 맡긴다는 전통이 생겨났다.

# 세계경제사를 새로 써 내려간
# 메디치 가문

## 은행업으로 부의 주춧돌을 쌓다

중국의 금융학자 쑹훙빙이 쓴 『화폐전쟁』에 언급되면서 유명세를 더 탄 로스차일드 가문은 전 세계의 금융계를 주무르는 세력으로 알려졌다. 하지만 이 가문이 금융계의 모든 것을 좌우한다기보다는 가진 돈이 많다 보니 세계 금융에 영향력을 미치고 있는 여러 세력 중의 하나라고 보는 것이 맞을 듯하다. 시작은 미약했지만 그들이 가진 돈을 바탕으로 형성한 네트워크들이 정치적, 경제적으로 영향을 끼치고 있는 데다 그 영향력이 지금껏 이어져 오고 있다는 사실만은 부정할 수 없다.

로스차일드 가문이 독일에서 시작한 가문이라면 그들보다 먼저 이탈리아에서 시작해 유럽 금융계의 큰손으로 성장한 가문이 있다. 바로 피렌체의 메디치 가문이다.

종교의 권력이 정치의 권력을 능가하던 중세 유럽에서 가톨릭을 믿는 모든 나라의 왕실과 귀족 가문은 교황청의 수장인 교황의 영향력 아래에 있었다. 교황은 국가와 백성 위에서 군림하던 왕, 그 위에 있었다. 메디치 가문은 교황청의 금고지기를 맡으면서 온 유럽에 이름을 알렸다. 그리고 금융 권력을 이용해 자신의 가문에서 교황이 나올 수 있게 영향력을 행사했다. 그로 인해 레오 10세Leo X, 클레멘스 7세Clemens VII, 레오 11세Leo XI가 배출되었다. 메디치가는 이런 과정들을 거치면서 유럽의 명문가로 성장해나갔다.

메디치 가문은 금융 권력으로 쌓아올린 부를 이용해 피렌체를 통치했다. 또 예술 분야에 아낌없이 투자함으로써 '르네상스'라는 거대한 문화 부흥 시기를 이끌었다. 그들은 금융을 통해 한 시대를 주름잡았을 뿐만 아니라 미켈란젤로 부오나로티Michelangelo Buonarroti, 산드로 보티첼리Sandro Botticelli와 도나텔로Donatello 같은 많은 예술가가 안정된 생활을 유지하며 활동할 수 있도록 꾸준히 후원했다.

너무나도 유명해서 설명이 필요 없는 미켈란젤로의 〈천

지창조〉를 살펴보자. 그야말로 보는 순간 압도되어버리는 경이로운 작품이자, 미켈란젤로의 천재성이 여실히 드러나는 작품이다. 미켈란젤로는 메디치가의 절대적인 후원 덕분에 예술가의 길을 걸을 수 있었다. 메디치가의 영향력은 예술계에만 끼친 것이 아니었다.

피렌체에서 메디치 가문의 영향력은 절대적이었다. 메디치가는 피렌체 사람들의 교육을 위해 당시만 해도 구하기 어려웠던 인쇄기를 들여왔다. 동방무역을 통해 유럽에서는 접하기 힘든 동방 지역의 책까지도 수입했다. 산로렌초성당 내에 설립한 메디체아 라우렌치아나 도서관에는 인문 서적부터 과학 서적까지 동서양의 다양한 책을 들여와 보관했다. 다루는 분야의 폭이 넓은 만큼 피렌체 사람들의 지적 수준도 성장할 수 있었다. 도서관에 대한 소문은 다른 지역으로까지 퍼져 지적 호기심이 충만했던 학자들과 귀족들이 이곳의 책을 통해 새로운 지적 세계를 향유하려 모여들기도 했다.

메디컬과 비슷한 이름 때문에 의료인 출신이었을 것이라고 추측하는 경우도 있지만 메디치 가문은 은행을 시작으로 금융계에 발을 들인 집안이다. 피사를 비롯한 항구가 당시 피렌체공화국의 영향력 아래에 놓이면서 지중해 무역에 관여하기 시작했고 이를 통해 막대한 부를 쌓았다. 메디치 가문이 소유한 은행에서 교황청의 모든 자금을 관리하고 있었던 때라 이런 후광을 등에 업은 메디치 은행의 신용은 전 유럽에서 가장 믿을 만했다. 이런 이유들이 메디치 가문의 영향력을 더욱 키웠고 유럽 곳곳에까지 미치는 계기가 되었다. 그로 인한 신망은 더욱 커져 메디치 가문이 피렌체공화국을 통치하기에 이르렀다. 이는 메디치 가문이 은행업을 하는 일반적인 가문이 아니라 귀족사회로 편입되는 것을 의미했다.

교황청이 맡긴 엄청난 자금과 신용을 바탕으로 메디치 가문의 은행은 지중해 무역의 중심을 넘어 유럽의 주요 왕가의 자금을 관리하기에 이르렀다. 더군다나 메디치가에서 프랑스

————————— 미켈란젤로, 〈천지창조〉, 1508~1512년    숭고함이 느껴지는 걸작으로 미켈란젤로가 4년에 걸쳐 완성한 천장화다. 잘 알려졌다시피 미켈란젤로는 교황청과 메디치 가문의 후원을 받았다. 만약 이들의 후원이 없었더라면 미켈란젤로의 명작들은 이 세상에 없었을지도 모른다. 미켈란젤로는 재력가들의 후원 덕분에 자유로이 예술 활동에 전념할 수 있었다. 미켈란젤로의 대표작 중 하나인 〈천지창조〉도 후원자였던 교황 율리우스 2세의 명령에 따라 그린 작품이다.

왕비를 두 명이나 배출하면서 영향력은 하늘을 찌를 듯했다.

메디치가 출신의 프랑스 왕비 중 한 명은 카트린 드메디시스Catherine de Médicis이고 또 다른 한 명은 마리 드메디시스Marie de Médicis다. 마리 드메디시스는 프랑스의 앙리 4세Henry IV와 22년의 나이 차를 극복하고 1600년에 결혼했다. 두 사람이 나이 차이를 극복할 수 있던 것은 돈 때문이었다. 더 정확히 말하자면 빚이었다. 프랑스가 지고 있던 메디치 가문에 대한 채무는 당시 프랑스 왕실 재정으로는 도저히 갚을 수 없는 규모였다. 이러한 왕실의 사정을 잘 알고 있었던 메디치 가문은 정략결혼을 제안했다.

메디치 가문이 보낸 지참금과 채무 탕감 덕분에 프랑스는 경제적인 숨통이 트이게 되었다. 한편 카트린 드메디시스가 프랑스의 왕비가 되면서 유입된 이탈리아의 음식 문화는 마리 드메디시스가 결혼할 때 데려간 이탈리아의 요리사들로 인해 프랑스 귀족사회에 더 깊이 자리하는 계기가 되었다. 연회 때마다 프랑스 요리와 함께 등장한 이탈리아 요리들은 시간이 지날수록 프랑스 귀족들 사이에서 자연스럽게 받아들여지며 프랑스화되었다.

돈을 모아 부를 이루는 것도 중요하겠지만 부를 어떻게 사용해야 하는지를 잘 보여준 사례 중 하나가 메디치 가문일 것이다. 한때는 왕과 귀족이 터부시하던 돈을 관리한다는 이유로 천시를 받았지만 루이 11세Louis XI 같은 왕과 여러 유력 가문의 귀족들과 관계를 맺고 높은 인품으로 신망을 얻으면서 메디치 가문이 피렌체를 다스리는 귀족으로 편입되는 것이 당연하다는 사회적 분위기가 조성되었다. 시대의 흐름이 변화하면서 상공업도 조금씩 쇠퇴하게 되었고 메디치 가문의 재정도 점차 어려워졌지만 예술에 대한 관심과 사랑은 대를 이어가며 계속되었다.

메디치 가문의 마지막 후계자인 안나 마리아 루이사 데 메디치Anna Maria Luisa de Medici는 사망하기 직전에 가문이 소유한 모든 예술품을 피렌체 밖으로 반출하지 않는다는 조건으로 피렌체에 기증했다. 후대에 문화적 자산과 역량을 남김으로써 피렌체에 대한 메디치 가문의 사랑을 표현한 것이다. 예술품들은 우피치미술관에 전시되어 관람객을 맞고 있다. 해마다 많은 관광객이 이곳을 찾아 메디치 가문이 남긴 예술의 숨결을 누리고 있다. 피렌체 사람들은 관광객들로부터 얻은 관광 수입으로 살아가고 있기 때문에 메디치 가문의 부의 영향력이 지금도 계속된다고 할 수 있다. 이런 영향력은 피렌체와 메디치 가문이 남긴 예술품이 존재하는 한 앞으로도 계속될 것이다.

# 독일 부의 기반,
## 맥주

## 양날의 칼이 된 맥주 순수령

❖━◆━◆━◆━❖

아우디의 본사가 있는 잉골슈타트는 독일 뮌헨에서 약 80킬로
미터 떨어진 외곽의 도시다.

　1516년 4월 23일, 당시 이 지역을 지배하던 바이에른
공국 비텔스바흐 가문의 적장자 빌헬름 4세Wilhelm IV는 동생
루트비히 10세Ludwig X를 비롯, 바이에른의 각 지역 영주와 기
사를 포함한 지배층을 불러 모아 의회를 열고 법령을 반포했다.

　그 법령에는 맥주를 제조할 때 보리, 물, 홉만을 사용할
수 있다는 내용이 들어 있다. 당시 도시가 발달하면서 유입되

는 인구가 많아졌고 그에 따른 맥주 수요도 폭발적으로 증가했다. 그러자 돈에 눈이 먼 일부 양조업자들이 검증되지 않은 재료들을 맥주에 넣기 시작하면서 전반적으로 맥주 품질이 떨어지게 되었다. 더 큰 문제는 양조업자들이 이러한 상황을 감추기 위해 맥주에 여러 가지 허브나 풀을 첨가하기 시작했는데 그중에는 인체에 해로운 독초도 있어 인명 사고가 발생하기도 했다는 점이다. 결국 악순환이 반복되자 빌헬름 4세는 이 같은 이유를 내세우며 법령을 반포했다. 물론 그 전에도 이러한 법령을 반포한 도시들이 있었지만 공국 규모에서 반포한 사례는 처음 있는 일이었다.

 법령에는 시기별로 판매되는 맥주의 가격과 만드는 기간까지도 정해놓아 제조에 관련된 사항들을 통제했고 강력한 처벌 조항도 명시했다. 이를 어기면 생산한 맥주와 주조 장비를 몰수했다. 당시 사람들은 효모에 대한 개념이 없었기 때문에 장비를 빼앗기면 더 이상 맥주를 주조할 수 없다고 믿었다. 그러니 제조업자에게 주조 장비를 몰수한다는 조항은 엄청나게 가혹한 처벌이었다. 그래서 사람들이 좋아하던 밀로 만든 맥주, 즉 바이젠은 한동안 맛볼 수 없었다. 이것이 바로 맥주의 역사나 독일 주류 광고에 자주 등장하는 '순수령Reinheitsgebot'과 관련된 내용이다.

순수령에서 눈여겨봐야 할 부분은 밀이다. 바이에른에 순수령이 반포되기 선에는 맥수를 만들 때 밀을 사용하는 경우도 있었지만, 순수령이 반포된 이후에는 밀을 넣어서 맥주를 만들 수 없게 되었다. 그에 대해서는 여러 추측이 있지만, 밀의 수확량이 한정적인 상황에서 밀로 빵을 만들려는 제빵사와 술을 만들려는 주조사 간의 갈등에서 비롯되었다는 주장이 설득력을 얻고 있다. 서양의 주식이 빵이기 때문에 바이에른공국은 주조사가 아닌 제빵사의 손을 들어주었고 그 결과 주조장에서는 보리로만 맥주를 빚어야 했다는 것이다. 바이에른공국에서는 밀이 들어간 바이젠을 만들 수 없었지만 순수령의 영향이 미치지 않는 다른 지역에서 만들어진 바이젠까지 구매가 불가능한 것은 아니었다. 그래서 경제적으로 여유가 있는 귀족들은 주변의 다른 공국에서 만들어진 바이젠을 구입해 마시곤 했다.

바이에른공국에서는 맥주를 만들 때 보리를 많이 볶아서 사용했는데, 그래서인지 맥주는 짙은 갈색이나 붉은색을 띠었다. 그래서 보리로 만든 맥주는 '로트비어', 밀로 만든 맥주는 하얀 거품이 풍성해 '바이스비어'라고 불렀다.

비텔스바흐 가문을 포함한 당시 신성로마제국의 상류층은 밀에서 느껴지는 독특한 질감과 맛, 향과 함께 하얀 거품의 매력 때문에 바이젠을 꾸준히 그리고 많이 찾았다. 귀족들은 순수령을 따랐지만 그렇다고 해서 입맛까지 하루아침에 바꾼 것은 아니었다. 상인들은 그들의 기호에 맞춰 다른 지역에서 바이젠을 사왔는데 그 양이 꽤 많았다. 그리고 이러한 상황을 눈여겨본 사람이 있었다.

넉넉한 자본과 땅을 가지고 있던 바론 폰 데겐베르크 Boron von Degenberg 남작이었다. 그는 큰돈을 벌 수 있는 기회라고 여겼고, 빌헬름 4세와의 원만한 관계를 이용해 1548년에 바이젠을 주조할 수 있는 '독점 생산권'을 따냈다.

초기에는 주조 기술이 부족해 실패를 거듭했지만 주조 경험이 많은 수도원의 수도사들을 고용한 뒤 몇 차례의 시행착오 끝에 다른 공국으로부터 수입하는 바이젠까지 포함해 바이에른에서 손꼽히는 바이젠을 만드는 데 성공했다. 바이에른에서 유일하게 바이젠을 생산하게 된 데겐베르크 가문은 엄청난 이익을 얻게 되었다. '독점'은 황금알을 낳는 거위였다. 데겐베르크가는 증가하는 판매량 덕분에 왕성한 주조를 계속해나갈 수 있었고 주조 기술이 집적되면서 품질도 향상되었다.

한편 데겐베르크 가문의 바이젠이 맛있다고 입소문이 나면서 다른 지역에서도 큰 인기를 끌었다. 빌헬름 4세의 뒤를 이어 공국의 공작이 된 알브레히트 5세Albrecht V는 이에 세금을 부과하려고 했지만 데겐베르크가의 후계자였던 한스 지그

문트Hans Siegmund가 과세를 거부하면서 갈등을 빚었다.

1602년, 후계자가 없는 상태에서 지그문트가 사망하자 비텔스바흐 가문은 데겐베르크가에 준 바이젠 주조에 대한 독점 생산권을 회수했다. 독점 생산권을 회수한 사람은 막시밀리안 1세Maximilian I였다. 막시밀리안 1세는 회수한 바이젠 독점 생산권으로 막대한 이익을 올렸다. 탄탄한 경제적 기반 덕분에 1618년 30년전쟁이 일어났을 때 신성로마제국 황제의 편에 서서 전쟁 비용을 댈 수 있었다. 전쟁의 종결을 위한 강화 조약인 베스트팔렌조약이 체결된 후에는 그 공을 인정받아 선제후(신성로마제국의 황제 선출권을 가진 제후)의 자격을 부여받음으로써 바이에른공국의 위상을 높였다.

하지만 오랜 기간 이어진 전쟁으로 바이에른의 영토는 황폐해졌다. 오랜 시간 포도를 심을 수 없었지만 바이에른 사람들은 좌절하지 않았다. 포도주를 생산할 수 없게 되자 그들은 맥주를 제조하는 데 더욱 집중했다. 바이젠을 비롯한 맥주를 주조한 뒤 주변 지역에 판매했다. 판매 수익 덕분에 바이에른은 경제적인 안정을 빠르게 되찾으며 성장세로 돌아섰다.

이후에 발생하는 여러 역사적인 난관 속에서도 뮌헨과 바이에른이 경제적인 기반을 닦을 수 있었던 것은 바이젠 덕분이었다. 이런 기반 덕분에 독일이 제2차 세계대전에서 패망

─────── 다비트 데니르스, 〈선술집에서 술을 마시는 사람들〉, 1658년 　지금과
달리 옛날 사람들은 취하고 싶어서 술을 마신 것이 아니었다. 당시
거리에는 사체가 널려 있었고 하수도는 오물로 오염되어 있어 안전
하게 마실 수 있는 물이 적었다. 이런 상황에서 맥주는 물을 끓여 제
조했기 때문에 살균효과가 있어 큰 인기를 끌었다. 독일 지역에서는
보리 같은 곡식으로 맥주를 만들었으며, 술을 만드는 기술은 과학과
함께 발전했다.

한 뒤 전후 세계질서가 냉전체제로 들어섬에 따라 동서로 분열
뇌었을 때, 뮌헨이 정치, 경제의 중심 도시로 기능할 수 있었다.
그리고 서독일 정부는 국민적 지지와 미국의 지원에 힘입어
1950년대 이후 독일의 폐허 위에서 '라인강의 기적'이라고 불
리는 경제적인 성장을 이끌어내는 역사를 만들어냈다.

# 유럽의 역사를 바꾸어놓은
# 대구

## 대구 귀족의 탄생

화폐의 사용이 많지 않았던 시절에는 물물교환이 주를 이루었다. 물물교환에서도 가치의 기준을 삼는 재화는 존재했다. 물론 환경과 시대에 따라 기준은 달랐지만 주요 물건은 생활에 필요한 베나 캔버스 같은 옷감부터 비버의 가죽, 비어나 럼 같은 술이었다. 시간이 지나 화폐가 등장하고 상용화되면서 물건의 가치를 증명하는 일이 더욱 명확해졌다. 화폐의 사용이 익숙해진 현대에는 공업화로 대량생산이 가능해지면서 물건이 아닌 가치를 저장할 수 있는 화폐에 본질을 두고 있다. 그래서 화폐만 있으면 필요한 물건을 살 수 있다. 최근에는 화폐를 대신해 신용카드나 칩, 바코드 같은 것을 사용하기도 한다.

중세의 각 나라들은 자국 내에서 물건을 거래할 때 자국의 중앙은행에서 발행하는 화폐만을 사용하도록 했다. 상인들은 여러 나라를 상대로 상거래를 했지만 나라별로 돈을 가지고 다닐 수가 없는 애로 사항이 있었다. 이런 문제를 해결하기 위해 자연스럽게 환전업이 발달하게 되었다. 중앙은행에서 발행하는 법정화폐가 일반화되기 전에는 앞서 언급한 여러 가지 물건 외에도 지역 환경에 맞는 다양한 물건이 사용되었는데 북유럽에서는 독특한 물건이 사용되었다. 다름 아닌 물고기다.

'스톡 피시stock fish(저장 생선, 염장 생선, 돈 생선)'라고 불리던 물고기는 대구와 청어였다. 스톡stock은 오늘날 주식을 지칭하는 경제적 의미로 더 많이 쓰이지만 저장을 가리키는 말로도 쓰인다. 물고기를 염장해서 저장한다는 의미로 '스톡 피시'라는 표현을 사용하지만 자본주의사회에서 살다 보니 돈과 연관된 '스톡'이 먼저 떠오르는 것이 사실이다.

천천히 설명하겠지만 염장을 통해 저장했던 물고기는 실제로 돈을 불러왔다. 돼지(돈豚)고기가 아니라 진짜 '돈 money' 말이다. 그래서인지 처음에는 염장 대구와 염장 청어를 상징하던 스톡은 시간이 지나면서 실제로 돈을 벌어다주는 스톡의 의미로 바뀌게 되었다. 지금부터 염장 생선이 어떻게 돈을 불러왔는지 살펴보자.

'대구大口, codfish'라는 이름에서 알 수 있듯이, 대식가인 대구는 먹이의 종류를 가리지 않고 먹어댄다. 플랑크톤은 물론 작은 새우부터 꽁치나 청어, 오징어 같은 큰 어류를 삼키는 경우도 있다.

대구는 다른 생선들과 마찬가지로 대륙붕 주변에 서식한다. 다만 차가운 물을 좋아하는 한류성어종이다 보니 따뜻한 지중해보다는 북해나 대서양 북쪽 지역에서 주로 볼 수 있다.

바스크족은 바이킹족과 함께 대구잡이를 적극적으로 했던 민족이라고 알려져 있다. 둥근 지구에서 지리적으로 가깝다 보니 신대륙이 발견되었다고 알려지기 전부터 이들은 북아메리카 지역과 자신들이 살던 곳을 오가며 대구잡이를 했다는 이야기가 전설처럼 전해지고 있다.

유럽에서는 피레네산맥을 중심으로 에스파냐의 동북부와 프랑스의 서남부에 걸쳐 사는 바스크 지역 사람들이 오래전부터 대구를 소금에 절여 만든 염장 대구와 햇볕에 말린 대구를 보관했다가 필요할 때마다 식량으로 사용했다. 내장을 제거한 뒤 햇볕에 통째로 건조시키는 것과 달리 염장 대구를 만들기 위해서는 소금이 필요했기 때문에 바스크족은 천일염을 만들어 썼다. 물자가 귀하던 시절 소금에 절인 대구는 저장성이 뛰어나다 보니 바스크 지역과 인접한 포르투갈부터 북해 인근의 나라와 내륙 깊숙한 곳까지 거래할 수 있어 널리 알려졌고 바닷가에서만 맛보던 생선을 접하게 된 내륙 사람들의 구입도 꾸준히 이어졌다. 그 덕분에 소금기를 가득 담고 있던 대구는 귀한 대접을 받았다.

게다가 청어와 마찬가지로 염장 대구는 금식 기간에도 먹을 수 있었기 때문에 가톨릭의 지배 영향력이 절대적이었던 당시 유럽에서는 큰 인기를 끌었다. 대항해시대가 시작되고 동인도회사가 설립되면서 아시아 무역이 활발해지자 소금으로 만든 하몽과 대구는 장거리에 적합한 식재료로 더욱 각광을 받았다. 청어와 대구는 식감에서 느껴지는 차이도 있지만 무엇보다 크기에서 차이가 난다.

청어는 크기에 따라 50~300그램의 무게가 나가는 반면, 대구는 일반적으로 5~15킬로그램까지 자라고 경우에 따라서는 20킬로그램까지 나간다. 이러한 차이는 육질에 따른 식감의 차이뿐만 아니라 맛의 차이까지도 만들어낸다.

청어와 대구 모두 염장을 하지만 대구의 저장 기간이 좀 더 길었다. 청어가 최대 2년 정도라면 대구는 환경에 따라 5년까지 가능하다고 알려졌다. 대구는 청어와 달리 기름기가 적어

——————— **요아힘 뵈컬라르, 〈생선 마켓〉, 1568년**　　중세 유럽에서 염장 생선은 중요한 식재료 중 하나였다. 중세 유럽 사회를 장악했던 종교의 영향으로 지위고하, 남녀노소를 불문하고 모두가 종교적인 삶을 강요받았는데, 이에 금식 기간 동안 취식이 금지되었던 붉은색 육류와는 다르게 생선은 취식이 가능했기 때문에 육류를 대체하는 식재료로 주목받았다.

염장을 하지 않고 말리기만 하는 경우도 있었다.

북해뿐 아니라 대구 어장으로 알려진 유명한 곳으로 미국을 꼽을 수 있다. 그중 뉴욕의 맨해튼에도 대구가 서식했지만 매사추세츠의 보스턴에서 가까운 곳에는 '대구cod'를 뜻하는 지명이 있을 정도다. 바로 '케이프 코드Cape Cod Bay'다. 이곳은 위도가 높아 물이 차가우면서도 지형적인 특성으로 인해 높은 파도가 치지 않아 많은 종류의 물고기가 서식하는 곳이다. 특히 먼바다에서 생활하던 대구는 산란철인 12월~3월 사이에 이곳 연안으로 몰려들어 산란을 하는데 이 시기에는 '물 반 대구 반'이라는 표현이 절묘하게 맞아떨어질 정도로 대구가 많다. 알을 낳으러 모인 암컷을 따라 수컷들도 이동하면서 장관을 이룬다.

## 유대인과 대구

1492년 3월 31일, 레콩키스타를 완성한 카스티야의 이사벨 1세Isabel I와 아라곤의 페르난도 2세Ferrando II가 유대인 추방을 압박하는 칙령을 발표하면서 유대인들은 개종과 추방을 두고 선택을 해야 했다. 앞서 교황 인노첸시오 3세Innocenzo III의 칙령으로 로마에서 추방된 경험이 있던 유대인들은 또다시 네덜란드와 북아프리카, 남아메리카로 이주를 해야 했다. 브라질에서 사탕수수를 경작해 만든 설탕으로 무역을 하면서 에스파냐에 빼앗긴 자금을 다시 모아가던 유대인들은 유럽에서 타고 온 박해의 바람을 피하기 위해 구교(가톨릭)를 믿는 국가의 식민지를 떠나 북쪽으로 옮겨갔다. 종교의 자유를 찾아 이동을 시작한 유대인 23명은 1654년 9월 신교(개신교)를 믿는 네덜란드의 '뉴암스테르담(지금의 뉴욕)'에 도착했다.

뉴암스테르담에서 멀지 않았던 뉴잉글랜드(미국 북동부에 캐나다의 퀘벡 지역과 국경선을 맞대고 있는 지역으로, 뉴햄프셔, 로드아일랜드, 매사추세츠, 메인, 버몬트, 코네티컷의 6개 주로 이루어져 있다)에는 앞서 1620년에 종교의 자유를 찾아 영국에서 메이플라워호를 타고 건너온 청교도들이 어느 정도 터전을 잡고 있었다. 두 세력은 교리상의 비슷한 부분도 있었지만 종교의 자유를 위해 정든 곳을 떠나왔다는 유대감으로 서로를 격려하고 도왔다.

가톨릭교도와 유대인들은 종교적 가르침에 따라 금식일이나 각 절기에는 육류와 누룩으로 발효해서 만든 빵을 먹지 못했기 때문에 말리거나 염장을 한 대구와 청어를 먹었다. 이는 청교도들도 마찬가지였다. 청교도들과 유대인들 모두 생계와 먹거리를 위해 바다로 나가 물고기를 잡았다. 지금의 로드아일랜드에 있는 뉴포트는 프로비넌스강과 본넌강에서 흘러나오는 민물과 바닷물이 만나는 곳이다 보니 유기물질을 먹기 위해 어족들이 몰려들면서 좋은 어장이 형성되었다. 갓 잡은 신선한 바닷물고기를 거래하기에도 알맞은 곳이었다. 상거래에 익숙했던 유대인들은 안정적인 먹거리 확보와 상업에 특화된 본능적인 유전자에 따라 뉴포트로 모여들었다. 유대인들은 유럽에서와 같이 소금으로 대구를 비롯한 여러 생선을 염장해서 보관하기 시작했다. 그리고 염장한 생선을 주변 지역으로 유통했다.

당시 신대륙에는 종교탄압을 피해 모인 사람들이 많았기에 종교적 교리에 입각해 육류와 빵보다 생선의 소비가 많았다. 생선 소비량이 늘어나면서 이와 관련된 분야에 종사하는 사람들의 이윤도 늘어났다. 덕분에 유대인들은 염장 대구를 통해 부를 쌓을 수 있게 되었다.

유대인들은 이렇게 쌓은 부로 대학을 설립하고 장학제도 등 학교 운영에 대한 재정적 지원을 아끼지 않고 교육에 투자했다. 지금도 뉴잉글랜드 지역에 가면 이때 세워진 학교들을 쉽게 찾을 수 있다. 이는 당시 유대인들이 대구를 통해 얼마나 많은 돈을 모았는지를 짐작하게 해준다. 그리고 유대인들이 돈을 벌어 교육이라는 미래 가치를 위해 사용한 사례는 부를 어떻게 써야 하는지를 알려주는 본보기라고 할 수 있다. '개같이 벌지는 않았지만 정승처럼 쓴 것'은 확실해 보인다.

## 배타적경제구역의 탄생

1918년 12월 1일에 덴마크로부터 독립한 아이슬란드는 빈약한 자원과 혹독한 날씨 때문에 제조업이 성장하기에는 열악한 환경이었다. 이러한 환경에서 아이슬란드 국민들이 할 수 있는 일이라고는 어업밖에 없었다. 그들에게 유일한 희망은 대구였다. 하지만 영국의 산업혁명 이후 증기기관을 갖춘 트롤선(바다 밑바닥으로 끌고 다니면서 해저에 사는 물고기를 잡는 그물이 달린 어선)이 등장하면서 상황이 바뀌었다. 트롤로 무장한 영국의 동력선이 바다를 누비며 대구를 싹쓸이해간 것이다. 영국의 공격적인 어업 활동이 계속되자 가장 큰 타격을 받은 것은 대구 어업이 나라의 주된 경제였던 아이슬란드였다. 대구 어업은 강대국 영국에 있어서는 여러 산업 중에 하나였지만 약소국 아이슬란드에는 생존의 문제였다.

　오랜 시간 영국의 대규모 남획으로 대구의 수가 급감

하자 아이슬란드는 더 이상 그들의 모리배 짓을 두고 볼 수 없었다. 결국 오랫동안 쌓여 있던 갈등이 고조되면서 충돌을 낳았다. 아이슬란드가 영국에 대응할 수 있는 전력은 6척의 경비정이 전부였다. 그중에서 가장 큰 경비정이 1,000톤 단위였을 뿐 나머지는 그 이하였다. 침범한 영국 어선이 아이슬란드 경비정보다 더 큰 경우가 있을 정도로 아이슬란드의 해상전력은 열악했다. 이에 비해 영국은 수많은 어선을 보호한다는 명분을 내세우며 40여 척에 이르는 군함을 이끌고 아이슬란드의 해역을 수차례 침범했다. 두 나라가 충돌할 당시 영국은 제2차 세계대전으로 많은 식민지를 상실하면서 전력이 약해졌음에도 약소국 아이슬란드가 상대하기에는 너무나도 버거운 상대였다.

1958년 10월 아이슬란드의 경비정이 해역에 침범한 영국 어선에 위협사격을 가하면서 골리앗 영국과 어린 다윗 아이슬란드의 세 차례에 걸친 대결이 시작되었다. 아이슬란드는 교전 중에 경비정이 침몰되는 등 열세에 몰렸지만 몇 차례에 걸친 외교적 담판과 해상충돌을 강행하면서 단호하게 대항했다. 국교단절까지 하는 등의 외교적인 행동은 아이슬란드의 결연한 의지를 국제사회에 보여주는 것이었다.

냉전이던 당시 국제 환경에서 아이슬란드는 지정학적 이해관계가 얽혀 있었기 때문에 미국과 서유럽이 주시하던 곳이었다. 소련이 아이슬란드에 접근하는 것을 경계했던 나토 (NATO, North Atlantic Treaty Organization)는 영국과 아이슬란드의 갈등이 심각한 안보적 문제를 야기할 수 있다고 판단했다. 영국도 완강한 입장이었지만 또 다른 당근을 제안한 미국의 설득과 국제사회의 중재로 양국의 국교는 정상화되었다.

'대구'라는 어종이 유럽을 뒤흔든 이 역사적인 사건처럼 또 다른 갈등이 언제든지 일어날 수 있다고 생각한 국제사회는 국제협약을 맺기로 했고, 그 결과물로 1982년에 「해양법에 관한 유엔 협약」이 체결된다.

1973년에 협상을 시작한 지 10여 년의 난고 끝에 맺은 결실이었다. 1994년 11월 16일부터 효력이 발생된 이 협약은 전 세계의 바다에 적용되는 국제협약으로, 배타적경제수역을 의미하는 EEZ(Exclusive Economic Zone)의 범위를 최대 200해리(1해리=1.852킬로미터)로 한다는 내용을 담고 있다. 물론 일반적으로는 200해리를 적용하되 바다의 형태나 이웃 나라와 인접해 있을 때 등 환경에 따른 경우에만 예외를 두었다.

이러한 기준을 마련하게 된 계기가 생선에 얽힌 두 나라 간의 갈등 때문이었다니 어처구니없으면서도 조금은 씁쓸해진다. 대등한 힘을 가진 나라들 간의 갈등이 아닌 국제외교 무대에서 속칭 '말발' 먹히는 입김 센 강대국과 힘없는 약소국

간의 대결이었기에 집중된 이목만큼이나 더욱 강렬한 인상을
남기는 사례다.

# 네덜란드를 일으켜 세운
# 청어

## 청어로 되살아난 네덜란드 경제

1200년경 발트해에 인접한 스웨덴에는 '스카니아(일명 스코네)'라고 불리는 시장이 있었다. 스칸디나비아반도 남단에 위치한 이곳은 독일의 뤼베크와 가까웠다. 서울에서 대구까지의 거리라고 생각하면 이해하기 쉬울 것이다. 스카니아와 뤼베크 사이에 있는 순드해협에 청어 떼가 몰려들었다. 게다가 스카니아는 암염 산지로 유명한 뤼네부르크와도 가까웠기 때문에 청어잡이부터 염장까지 한 번에 할 수 있는 천혜의 입지 조건을 갖추고 있었다. 이후 이 지역의 도시들은 한자동맹의 중심 도시로 이름을 떨쳤다.

　당시 스카니아에는 부역을 하기 위해 영국, 스코틀랜드, 노르망디, 플랑드르 같은 지역의 농민과 상인 들이 북방의 말이나, 버터, 철, 곡물, 수공예품 등을 가져와 거래했다. 수산 시장에서는 인근 해역에서 많이 잡히던 청어가 활발하게 거래되었다. 스웨덴 사람들은 청어의 저장성을 높이기 위해 뤼네부르크의 암염을 사용해 염장을 하거나 해풍에 말렸다.

　스카니아는 덴마크 이남의 유럽에서 만들어진 상품이 스칸디나비아반도로 가야 할 때 거쳐야 하는 거래의 중심지였다. 유럽의 부가 스카니아로 몰려들었다고 해도 과언이 아니었다. 실제로 당시 이곳을 지배하던 덴마크 왕이 거둔 한 해 전체 소득에서 스카니아가 내는 세금이 차지하는 비율은 3분의 1이나 될 정도였다. 게다가 스카니아는 한자동맹에 가입되어 있었기 때문에 이곳을 중심으로 한 무역이 활발해지면서 자연스레 동맹에 가입하는 도시와 길드가 늘어났고 전성기를 누렸다.

　청어의 경제적 역할은 네덜란드를 통해 빛을 발했다. 네덜란드는 국토의 대부분이 바다보다 낮은 지역을 간척해 만든 곳이어서 농사를 짓기에는 적합하지 않아 일찍부터 어업이 발달했다. 그런데 연근해에 사는 물고기를 잡는 수준이었기 때문에 주로 작은 배를 탔고 원양어업에는 맞지 않았다. 어느 날,

평상시처럼 배를 타고 조업을 나갔던 어부들에게 예기치 못한 일이 발생했다. 그것은 천운이었다. 그것도 길운이었다.

하늘이 정한 운명을 천운이라고 한다. 천운. 그것이 네덜란드에 불쑥 찾아왔다. 수온 변화로 해류가 바뀌면서 발트해에서 주로 서식하던 청어 떼가 터전을 바꾸었는데 그 장소가 바로 네덜란드 연안에서 가까웠던 것이다. 발트해와 스카니아에서 유명하던 청어가 네덜란드 바다 연안에서 잡히자 어부들도 처음에는 평소와 다른 어종이 잡힌 것에 신기해했다. 갑작스러운 생선 떼의 출현으로 놀란 어부들은 어리둥절했지만 이내 정신을 차렸다. 하루가 지나고 이틀이 지나도 계속해서 청어가 잡혔다. 시간이 지나면서 일시적으로 발생한 현상이 아님을 알게 되자 하늘이 준 기회를 놓치지 않고 네덜란드 어부들은 조금이라도 더 많은 청어를 잡으려고 열심히 노를 저어 바다에 나갔다.

조업을 나갈 때마다 청어가 끊임없이 잡히자 지리적으로 유리한 곳에 위치해 있던 네덜란드 사람들은 더 많은 물고기를 잡기 위해 큰 배를 만들기 시작했고 부족한 인력을 확보하기 위해 주변에 청어와 관련한 소식을 널리 퍼뜨렸다. 많은 사람이 기회를 잡기 위해 소문을 듣고 바닷가로 모여들었다. 청어가 발트해에서 북해로 터전을 바꾸면서 시작된 변화는 어부들의 생활이 나아지는 정도에서 멈추지 않았다. 청어가 불러온 잔잔한 나비효과는 어느새 거대한 파도에서 폭풍이 되어 세상을 변화시켰다. 청어는 네덜란드를 독립시키는 것은 물론이고 자본과 금융의 중심지로까지 성장시켰다. 힘을 비축한 네덜란드가 대항해시대를 거치면서 유럽을 넘어 아시아로 진출하게 된다. 네덜란드의 활동이 활발해지면서 아시아와 유럽의 경제에 영향을 미쳤고 이는 세계경제사에 또 다른 나비효과를 일으켰는데 파급력이 증폭되어 다양한 변화를 만드는 계기가 되었다.

17세기 네덜란드 바로크를 대표하는 〈델프트 풍경〉은 1661년에 완성된 작품으로, 요하네스 페르메이르Johannes Vermeer가 그린 것이다. 작품에 그려진 정박된 선박은 청어를 전문적으로 잡는 '부스buss'라는 배다. 깊숙한 발트해에서 살던 청어가 새로운 터전을 찾아 북해로 오자 네덜란드인은 기회를 잡기 위해 너 나 할 것 없이 부스를 타고 바다에 나갔다.

대부분의 나라가 청어를 배고픔을 해결하기 위한 먹거리로 활용했지만 네덜란드는 달랐다. 청어의 장기저장이 가능해지면서 네덜란드인의 장사 수완이 발휘되었다. 그들은 청어가 단순한 먹거리가 아니라 다른 나라에서 구하러 올 정도로 귀한 특산품이라고 소문냈다. 그 덕분에 거래하러 오는 상인들

요하네스 페르메이르, 〈델프트 풍경〉, 1660~1661년    발트해 연안에 살던 사람들을 먹여 살리던 청어가 북해 연안, 그중에서도 네덜란드와 가까운 바다로 서식지를 옮기면서 북유럽 경제는 거대한 변화를 겪었다. 청어 어획량이 줄어들자 한자동맹의 중심이었던 발트해 연안의 여러 도시는 생명력이 줄어들면서 쇠락했다. 한자동맹이 누리던 풍요로움을 네덜란드가 누리게 되었고, 네덜란드는 쌓아올린 부를 바탕으로 독립 쟁취는 물론 유럽 금융의 중심지로 발돋움했다.

이 늘어나면서 청어는 부를 획득할 수 있는 수단으로 자리매김했다. 네덜란드의 청어잡이는 단순한 어부의 밥벌이를 위한 손놀림으로 끝나지 않았다. 국가적인 산업으로 자리를 잡았고 주변 나라와는 차원이 다른 도약을 이루는 데 도움이 되었다.

그렇다고 해서 갑자기 몰려든 청어가 처음부터 돈이 된 것은 아니었다. 맛은 좋았지만 저장시설이 없던 당시에 생선은 빨리 상하는 먹거리여서 오랜 보관이 어려웠다. 많은 시간을 들여 잡은 청어를 빨리 소비하지 못하면 모두 버려야 하다 보니 많이 잡는 것은 시간을 낭비하는 결과를 가져왔다.

그러던 중 1358년, 평범한 어민이었던 빌럼 뷰켈슨Willem Beukelszoon이 사용하기 시작한 작은 칼을 다른 어부들도 쓰면서 청어잡이는 활기를 띠게 되었다. 빌럼은 청어 머리와 내장을 한칼에 베어낼 수 있는 작은 칼을 발명했는데, 이 때문에 청어를 잡은 뒤 배에서 바로 손질하고 소금물에 절일 수 있게 되었다. 게다가 청어의 배를 갈라 내장에 소금을 치면 삼투압이 일어나면서 내장이 쪼그라드는데 이때 내장에 들어 있던 수분과 각종 효소가 밖으로 빠져나와 물고기에 스며들어 독특한 맛을 냈다. 이런 과정을 통해 청어를 오래 보관할 수 있게 되면서 청어는 한낱 물고기가 아니라 하나하나가 곧 '돈'이 되었다.

갓 잡은 청어를 배에서 바로 손질하고 염장 처리하면

서 이런 작업을 위한 공간과 보관 장소가 필요해졌다. 그 때문에 청어잡이 어선은 점점 규모를 키우기 시작했다. 청어를 잡기 위한 조업의 횟수가 늘어나면서 어획량은 획기적으로 증가했다. 정해진 시간 안에 청어를 손질하다 보니 선원들의 손놀림도 점점 빨라졌다. 이는 작업 속도를 늘리는 연쇄작용을 가져와 염장 청어의 생산량을 증가시키는 데 큰 기여를 한다. 이런 영향으로 여러 지역에서 소비되는 청어 물량이 엄청났음에도 모두 감당할 수 있었다. 게다가 항해 시간이 길던 해군과 무역 상선에게 판매되던 염장 청어는 유럽의 대항해시대를 여는 요소 중 하나로 작용하며 전 유럽에 알려지게 된다.

한편 중세 유럽을 장악하고 있던 가톨릭에서는 사순절, 부활절을 포함해 1년에 3분의 1이 넘는 140여 일을 금식 기간으로 정해놓고 있었다. 이 기간 동안 육류와 누룩을 넣어 발효시킨 빵 같은 음식을 섭취하는 것은 금지되어 있었다. 당시에 성욕을 부른다고 알려진 육류는 금식 기간 동안 더욱 금기시되는 식재료였다. 사람들은 신앙심은 있었지만 신이 아니었다. 허기를 견디기 어려워 배를 채워야 하는 사람이었다.

이때 예외적으로 허용된 먹거리가 맥주와 생선이었다. 금식 기간에 먹을 수 있는 생선을 보관하기 좋게 염장까지 해놓았으니 주변 지역뿐만 아니라 먼 내륙에 있는 상인들은 청어를 구하기 위해 네덜란드로 몰려들었다. 그로 인해 숙박업도 자연스럽게 발달하게 되었다.


## 유대인은 어떻게 청어 산업을 장악했을까?

염장 청어가 상품으로 놓여 있던 자리에 상인들이 나타나 청어를 쓸어 담고 지나가자 그 자리는 각 지역의 상인들이 청어 값으로 치른 돈과 다른 재화로 채워졌다. 청어가 인기 높은 거래 품목으로 자리를 잡으면서 네덜란드는 스펀지처럼 중세 유럽의 부를 빨아들였다. 이는 네덜란드가 새로운 세상으로 나아가는 마중물 역할을 하게 된다. 수온이 바꾼 해류의 흐름은 청어가 사는 장소를 북해로 바꾼 것에서 멈추지 않고 세계사라는 거대한 흐름을 바꾸는 결과를 가져온다. 이 과정에서 또 하나의 요소가 화학적으로 결합을 하게 된다. 바로 유대인이라는 변수다.

　　1492년 카스티야의 이사벨 1세와 아라곤의 페르난도 2세는 그라나다를 끝으로 이베리아반도를 완전히 수복함으로써 781년간 이어진 레콩키스타라는 과업을 완수했다. 두 사람은 이베리아를 통치하기 위한 여러 법령을 내놓았다. 그중

──────── 헤릿 도우, 〈청어 장수〉, 1670~1675년　　가톨릭에서는 정기적인 금식일과 금식 시기에 성욕을 항진시킨다는 이유로 육식을 피해야만 했다. 가톨릭교도들은 배고픔을 이겨내기 위해 섭취가 가능한 맥주와 생선을 주로 먹었다. 특히 염장된 청어를 즐겨 먹었는데, 염장한 덕분에 오랫동안 보관도 가능했다. 염장 청어는 전 유럽의 히트 상품으로 떠오르며 네덜란드 사람들에게 큰 부를 안겨주었다.

1492년 3월 31일 자로 조인되어 공포된 「알람브라 칙령」에는 아랍인은 물론 이슬람왕조 치하에서 무슬림에 협조했던 유대인은 7월 31일까지 이베리아를 떠나거나 가톨릭으로 개종하지 않으면 추방하겠다는 내용이 담겨 있었다. 이들은 재산을 처분하고 싶어도 금은 외에 금속으로 만든 화폐를 국외로 가져가지 못한다는 조항 때문에 사실상 재산을 가지고 떠날 수 없었다. 손해 볼 것이 적었던 사람들은 이베리아를 떠났지만 가진 것이 많은 이들은 막대한 재산을 놓고 갈 수 없었다.

결국 잔류를 선택한 사람들은 가톨릭으로 개종했고, 이들을 가리켜 개종한 사람이라는 뜻에서 '콘베르소'라고 불렀다. 남은 이들은 상업과 무역에 종사하며 세력을 키웠다. 다른 지역으로의 이주를 선택한 이들이 가장 많이 옮겨간 곳은 옆 나라 포르투갈이었다. 또 다른 일부는 북아프리카와 오스만 제국, 서인도와 남아메리카, 유럽의 변방이었던 네덜란드로 이동했다. 이는 유대인의 네트워크가 지중해를 넘어 대서양을 중심으로 유럽과 신대륙으로까지 확대되는 계기가 되었다.

각 지역에 흩어진 유대인은 네트워크를 활용해 그들의 주특기인 무역을 다시 시작했다. 그중 네덜란드로 이주한 유대인들은 청어를 절일 때 사용하는 소금에 관심을 가졌다. 이주 전 에스파냐의 바스크 북부 지역에 거주했던 유대인들은 염전에서 바닷물을 이용해 생산했던 소금을 떠올렸다. 에스파냐의 천일염을 가져오기로 마음먹은 유대인들은 바로 행동으로 옮겼다. 네덜란드의 유대인들은 자신들의 네트워크를 통해 에스파냐에 남아 있던 유대인들과 무역을 통해 좋은 품질에 값도 쌌던 천일염을 수입했다.

채취하는 데 많은 비용이 들어가 비싼 가격으로 거래되던 독일 지역의 암염에 비해 에스파냐에서 바닷물을 이용해서 생산하는 천일염은 상대적으로 가격이 저렴했다. 가격적으로 메리트가 컸던 천일염은 비싼 암염을 빠르게 대체했다. 천일염을 사용하면 염장 청어의 품질을 유지하면서도 판매 가격을 떨어뜨려 가격경쟁력을 높이거나 같은 가격에 판매했을 때 기대 수익을 높일 수 있었다. 유대인들이 천일염을 대량으로 사가자 에스파냐 사람들은 더 많은 천일염을 팔기 위해 저렴한 가격에 천일염을 공급하기 시작했다. 이에 네덜란드 내 한자동맹의 독일산 암염의 소비가 줄어들자 소금 시장에서 한자동맹의 영향력은 점점 줄어들게 된다. 이는 한자동맹의 와해를 유발하는 요인 중 하나로 작용하기도 했다.

# 청어가 일으킨 나비효과

네덜란드 사람들에게 청어는 먹거리 이상이었다. 청어잡이는 어느새 단순히 고기잡이가 아니라 네덜란드의 중추적인 산업으로 자리 잡게 된다.

1669년에 제작된 자료에 따르면 어부 3만 명을 포함해 어선 제작, 보관 통 제작, 어망 제작, 생선 가공 같은 관련업에 종사한 사람이 네덜란드 인구의 5분의 1인 45만여 명에 이르렀다. 이는 당시 네덜란드가 성장하고 발전하는 데 있어 청어가 기여한 비중을 알 수 있게 해준다.

어업 발전은 어선 수 증가로 이어졌다. 1560년경 1,000여 척이던 네덜란드의 어선 수는 1620년경 2,000여 척에 달했다. 배를 계속 만들다 보니 조선업도 자연스럽게 발달했다. 고기잡이 어선도 어획량을 감당하기 위해 대형화되었다. 배의 크기를 조금씩 키우면서 여러 가지 기술이 발달했다. 큰 배를 만드는 기술이 늘어 대형 상선을 만들기에 이르렀다. 상선은 화물을 많이 실어야 하기 때문에 어선과 차이가 있지만 조선 기술의 숙달은 이마저도 가능하게 만들었다.

청어를 장기적으로 저장하는 것이 가능해지면서 연안에서만 짧은 거리를 항해하던 배는 장거리를 움직일 수 있는 여건을 갖추게 되었다. 게다가 네덜란드의 재정적인 여건이 좋아지고 조선술이 발달하면서 거친 파도를 이겨낼 수 있는 큰 선박을 건조할 수 있게 되었다. 또한 나침반과 항해술이 발달하면서 큰 바다에서도 항해할 수 있게 되었다.

먼 곳까지 보급 없이 항해할 수 있었던 네덜란드 상선은 대형화로 인해 한 번에 많은 재화를 실을 수 있게 되었다. 같은 양의 재화를 싣는다고 가정했을 때, 운송 횟수가 줄어들었기 때문에 운송에 들어가는 비용을 줄일 수 있었다. 이런 장점은 상인들이 많은 재화를 운송해야 할 때 네덜란드 상선을 찾게 만들었다. 수요가 있으니 공급도 늘었다. 늘어난 배는 여러 상인들의 재화를 싣고 다양한 곳을 누볐다. 즉 상선의 대형화는 비용 감소를 불러왔고, 이는 상인들의 이익과 직결되었기 때문에 여러모로 경제적이었다.

당시에는 바다를 이용할 때 통행세를 내야 했는데 그 기준이 갑판 넓이였다. 갑판이 좁을수록 내는 세금이 줄었다. 네덜란드가 만든 상선은 화물이 들어가는 아랫부분의 중갑판과 하갑판을 불룩하게 만들고 외부의 상갑판을 좁게 해 화물량은 늘리면서 통행세는 절감할 수 있었다. 화물칸이 넓다 보니 무게중심이 낮아져 풍랑에도 잘 견딜 수 있었다. 이를 '플류트선'이라고 한다. 상선 제작비도 경쟁국이었던 영국의 60퍼센트 수준이었다. 조작도 쉬워 승선 인원을 3분의 1로 줄일 수 있어 항해 한 번에 들어가는 상선 운영비용을 줄이는 데 효과적이었다.

어업을 시작으로 경제 부흥기를 맞이한 네덜란드는 조선업과 무역업은 물론 해운업까지 진출했다. 성장세와 함께 유럽 각지의 돈이 몰리자 네덜란드 사람들은 '혼란의 환호'를 외쳤다.

청어를 구입하기 위해 모여든 각 지역의 상인들은 자국의 화폐를 가지고 와 거래를 했는데 그 가치가 조금씩 달랐다. 이 과정에서 화폐가치를 맞추기 위해 자연스럽게 환전소가 설립되었고 환전을 해주고 수수료를 받는 환전업자가 생겨났다.

네덜란드 사람들은 거래되는 화폐를 통일하기 위해 암스테르담은행을 세웠다. 또한 무역을 위해 새로운 경제 개념을 만들었다. 바로 주식회사다. 동인도회사를 시작으로 주식회사의 숫자가 늘어나면서 주식을 거래하려는 사람들이 증가했고 이들을 위해 증권거래소가 만들어졌다. 물고기 하나로 시작된 '나비효과' 치고 파급력은 상당히 컸다. 먹거리에서 시작해 경제를 넘어 금융까지 파급된 놀라운 효과였다. 물론 물고기와 소금, 유대인이라는 모든 조건이 여러 가지로 자유로운 네덜란드와 맞아떨어졌기 때문에 금융 역사에 커다란 족적을 남길 수

————— 캉탱 마시, 〈환전상과 그의 아내〉, 1514년  '대금업자와 그의 아내'라
고도 불리는 작품이다. 왜냐하면 당시에는 환전상이 대금업을 겸하는
경우가 흔했기 때문이다. 그림 속 부부가 살던 곳은 당시 상거래 중심
지로 이름을 떨치던 네덜란드의 안트베르펜이었다. 이곳에 온 상인들
은 원활한 상거래를 위해 각기 다른 나라별, 지역별 동전들의 교환 비
율을 정해야만 했다. 이에 동전의 무게를 정확하게 재서 화폐의 가치
를 측정하는 일이 환전상에게는 무엇보다 중요했다. 당대 시대적 분위
기를 보여주듯, 그림 속 남자는 신중한 표정으로 동전들의 무게를 재고
있다.

있었다. 오늘날에도 암스테르담은 유럽 금융의 한 축을 담당하며 군건한 모습을 보여주고 있다.

# 제조업의 혁신을 낳은
# 분업화

## 분업화가 가져온 경제혁명

종류마다 조금씩 차이가 있지만 20,000여 개의 부품을 모아 하나의 완성품을 만드는 산업이 있다. 바로 자동차산업이다. 물론 소비자가 원하는 기능이 더 디테일하고 정교해지면서 앞으로는 더 다양한 기능을 할 수 있는 반도체 같은 부품이 들어갈 것이다. 기계가 복잡할수록 많은 부품이 들어가는데 지금과 같은 자동화시스템을 구축하기 전까지는 사람들이 그 많은 부품을 일일이 조립해야 했다. 그래서 한 대의 차량을 만드는 데 보통 12~13시간이 소요되었다.

당시의 기술로는 자동차를 만드는 데 필요한 부품의 수를 줄이고서는 완성품을 작동시킬 수 없었지만 소요되는 시간을 단축시킨다면 생산성을 증가시킬 수 있었다. 여기에서 한 사람이 새로운 아이디어를 착안했다. 1913년 그는 새롭게 발명한 컨베이어벨트를 활용해 생산공정을 세분화했으며 일정한 속도와 리듬으로 맡은 업무만을 전담할 근로자를 배치하는 분업화를 완성했다. 그 덕분에 자동차 한 대 생산하는 데 소요되는 시간을 93분으로 줄일 수 있었다. '분업화'라는 시스템의 변화 하나로 한 대 생산할 시간에 여덟 대의 차량이 생산되도록 만들었다. 제조업의 혁명이었다.

이 같은 제조업의 혁신을 이루어낸 인물이 바로 헨리 포드Henry Ford였다. 정치적으로나 이념적으로 적대국이었던 독일의 아돌프 히틀러Adolf Hitler, 러시아의 블라디미르 레닌Vladimir Lenin과 이오시프 스탈린Iosif Stalin이 모두 동경한 인물이었다.

포드의 컨베이어벨트 생산 체계는 생산성과 효율성을 획기적으로 높이면서 물질적인 풍요를 낳았다. 컨베이어벨트와 분업을 통해 자동차의 대량생산이 가능해지자 자동차의 가격도 자연스레 떨어졌다. 1920년대 경기침체 속에서도 자동차 보급률이 80퍼센트를 넘을 수 있던 것도 이러한 배경 때문이었다. 다른 기업들도 포드의 이러한 시스템을 벤치마킹해 생산성을 높이면서 미국이 유럽의 공장 역할을 하게 되었다.

제조업의 변화는 제2차 세계대전 중 군수산업 발전에도 영향을 주었다. 엄청난 물자를 계속 생산해내는 미국으로 인해 독일의 영국 폭격이 무의미해져버렸다.


## 루벤스 다작의 비결도 분업화에 있다

그런데 포드보다 300여 년 앞서 분업화로 성공한 사람이 있었다. 그는 분업화를 통해 작품을 만들어냈는데 그 덕분에 동시대 사람들보다 많은 작품을 남길 수 있었다.

작품 활동을 한 대부분의 예술가가 사후에 명성을 얻었지만, 지금부터 살펴볼 예술가는 운 좋게도 활동 초기부터 명성을 얻었고 무엇보다 많은 돈을 벌었기에 창작에만 오롯이 집중할 수 있는 경제적 여건을 마련할 수 있었다. 그는 바로 17세기 벨기에를 대표하는 바로크회화의 대가 페테르 파울 루벤스다.

루벤스는 강한 색감을 작품에 표현하던 역동성과 관능미를 추구했다. 또한 그는 초상화와 풍경화를 비롯해 신화, 전설, 사료에서 영감을 얻어 그림을 그린 것으로 유명하다. 루벤스는 궁정화가로 일한 경험을 살려 외교관으로도 활동했다. 영국, 프랑스, 이탈리아, 오스트리아 각계각층의 유력 인사들의 초상화와 작품 의뢰를 받아 활동하면서 인맥을 쌓았고 평화협정을 이끌어내는 등 당시 유럽의 정치적인 안정에도 기여했다.

　　루벤스는 건축설계, 연회의 인테리어, 디자인, 섬유와 목판, 인쇄 등 자신의 재능이 발휘될 수 있다면 분야를 가리지 않았다. 특히 판화나 책 디자인은 결과물이 전달되는 곳으로 자신의 이름을 알리는 데 효과적이라는 것을 잘 알았기에 명성에 걸맞지 않더라도 기회만 있다면 적극적으로 참여해 자신을 알렸다.

　　1608년 루벤스는 모친의 병세가 악화되자 이탈리아에서 안트베르펜으로 돌아갔다. 이 소식이 알려지자 왕과 귀족은 물론 당시 상업과 무역으로 부를 쌓았던 네덜란드의 재력가들도 그에게 초상화를 의뢰했다. 문맹률이 높았던 당시에는 글로 남기는 기록보다 회화같이 직관적으로 쉽게 이해할 수 있는 기록을 더욱 선호했다. 작품이 완성될수록 루벤스의 명성은 더욱 드높아졌다.

　　루벤스는 안트베르펜에 정착한 지 2년 만에 그동안 벌어들인 수입으로 자신이 직접 설계한 이탈리아풍의 저택을 지어 거처와 작업실로 사용했다. 남은 돈으로는 중심가에 있는 집을 구매했다. 이후에도 그는 왕실과 귀족들이 주문한 그림을 그려주며 막대한 부를 쌓았고 그 돈으로 건물과 성, 농지를 구입했다. 여러 부동산을 구입하고도 남을 정도로 루벤스는 큰돈을 벌었다.

하지만 유럽 전역에서 작품 의뢰가 쏟아지다 보니 도무지 혼자서는 감당할 수 없게 되었다. 그래서 작업실을 열고 문하생들을 두어 작업을 분업화했다.

처음에는 루벤스가 작품 전체를 직접 그렸지만 시간이 지나면서 얼굴이나 손 같은 중요한 부분이나 특정 부분만 직접 그리고 나머지는 문하생들에게 맡겼다. 루벤스의 명성 덕분에 문하생들이 100여 명 가깝게 있었기 때문에 이런 작업이 가능했다. 루벤스는 믿을 만한 제자들을 엄선해 그림의 배경, 옷, 각종 장신구를 전담하도록 하는 등 각각의 단계를 달리했고, 자신은 전체적인 구상이나 디자인만을 담당했다. 루벤스가 캔버스에 스케치를 그려놓으면 제자들이 저마다의 재능을 살려 각 부분을 채워 넣었다. 채색이 마무리되면 루벤스는 눈앞의 놓인 대상에 생명력을 불어넣기 시작했다. 정형화된 옷이나 배경과 달리 얼굴과 손처럼 인물의 분위기를 좌우하는 곳은 직접 마무리를 했다. 그리고 마지막에 자신의 명성이자 브랜드인 이름을 서명했다. 이러한 루벤스의 작업 방식은 앤디 워홀Andy Warhol

을 연상케 한다. 워홀은 자신의 작업실을 '팩토리(공장)'라고 부르며 스스로가 공장장이 되어 직원들에게 지시를 내려 예술 작품을 공산품처럼 대량으로 만들었기 때문이다.

다음 〈멜기세덱과 아브라함의 만남〉도 루벤스 작업실의 분업화의 산물이다. 이 작품에서도 바탕, 기둥, 펄럭이는 겉옷과 갑옷 같은 간단한 작업부터, 근육의 움직임이나 붉은 망토를 한 아브라함의 표정, 흰 수염의 멜기세덱, 주변 사람들의 표정과 시선, 말의 근육과 말발굽의 디테일까지, 동적인 느낌을 주는 작업 등은 그림에 등장하는 사람 수에 못지않은 루벤스의 제자들이 투입되어 그렸을 것으로 추정된다. 루벤스가 택한 분업 방식 덕분에 분야별 집중도를 높임으로써 작품의 완성도를 높일 수 있었고, 작업 시간 단축을 통해 루벤스는 또 다른 작품을 구상하곤 했다.

한편 루벤스가 고안한 방식 덕분에 제자들은 스승의 작품에 참여 기회가 높아짐에 따라 실력을 향상시킬 수 있었다. 완성도가 높아진 덕분에 작품 전체의 수준도 올라갔다. 루벤스는 제자들이 일정을 소화하기 어려울 때에는 외주를 주기도 했다. 배경에 들어가는 동물이나 정물 분야는 당시에 유명했던 화가의 손길에 의지했다. 루벤스의 작업을 같이했던 제자 중에는 그의 둥지를 떠나 이름을 널리 알린 화가도 꽤 많았다.

──────── 페테르 파울 루벤스, 〈멜기세덱과 아브라함의 만남〉, 1625년    살렘의
왕 멜기세덱은 아브라함의 일행이 전투에서 승리하고 돌아온다는 소
식을 듣고 이들을 위해 떡과 귀한 포도주를 준비한다. 아브라함은 그
에 대한 감사함으로 전리품의 10분의 1을 멜기세덱에게 바친다. 둘
의 이런 만남을 통해 '십일조'라는 개념이 만들어졌다고 알려져 있
다. 루벤스는 이 같은 대작을 제작한 다작 예술가였다. 그는 '분업화'
라는 사업 수완을 발휘한 덕분에 대작들을 대량생산할 수 있었으며
자신의 명성을 이용해 그림들을 비싸게 팔아 많은 부를 이루었다.

이러한 방식으로 작품을 생산하다 보니 1,400여 점의 드로잉을 제외하더라도 루벤스의 서녕이 있는 작품의 수가 1,600여 점에 이르고 있다. 유명한 예술가들이 평생 동안 그린 작품의 수가 100~300점 정도인 것과 비교하면, 그의 생산력(?)은 경이로움을 벗어나는 수준이다. 이를 두고 보는 이에 따라 호불호가 있어 여러 가지 견해가 있는 것도 사실이다. 그럼에도 루벤스가 분업화를 통해 다른 대가들이 생전에는 누리지 못했던 엄청난 부와 명예를 누렸다는 것만큼은 분명하다. 그가 누렸던 부는 당시 귀족들과 견주어도 절대 뒤지지 않았다. 오히려 귀족들보다 더 여유로운 삶을 살았다.

# 대항해시대의 신호탄이 된 후추

## 왜 사람들은 후추에 열광했을까?

사람이 먹지 않고는 살 수 없다. 활동에 필요한 에너지를 얻기 위해서는 반드시 음식물을 섭취해야 한다. 지구상에서 인간이 살아가고 있는 각 지역에서는 기후와 환경에 따라 얻을 수 있는 식재료에 맞춰 음식이 발달했다. 식재료와 조리법에 따라 취식에 맞는 온도와 맛, 형태가 제각각이다. 그럼에도 모든 음식에 공통으로 들어가는 것이 있다. 바로 향신료다.

　　동서양을 막론하고 오랜 옛날부터 사람들은 음식에 향신료를 사용했다. 물론 향신료의 기준을 어디에 두느냐에 따라 차이는 있다. 이를테면 우리에게 쌈 채소로 익숙한 깻잎이 누군가에게는 향신료로 인식될 수 있다. 그래서 신석기시대 때부터 향신료를 사용했다는 주장도 있다. 어떤 것이 '맞다 틀리다' 할 수는 없지만 사람의 입맛을 훔친 향신료의 역사가 그만큼 길다는 것은 맞는 듯하다.

향신료로 쓸 수 있는 식물은 다양하다. 독만 없다면 열매나 씨앗, 꽃, 뿌리 등 향을 가지고 있는 모든 걸 향신료로 사용할 수 있다.

옛날 사람들은 향신료로 향을 내기도 했지만 색이나 맛을 내기도 했다. 무엇보다 향신료는 생선을 오래 보관할 때 발생하는 비린내를 가려주었다. 육류의 경우에도 도축 기술이 떨어지거나 보관을 잘못하면 누린내가 나기 시작했다. 이럴 때도 향신료는 제 역할을 톡톡히 해냈다. 물론 이 밖에도 음식의 품격과 값어치를 올리고 식욕을 돋우기 위해 향신료를 사용한 경우가 더 많다고 알려져 있다.

향신료는 강황, 육두구, 겨자, 계피, 생강, 정향, 산초를 포함해 종류도 굉장히 다양하다. 그중에서 가장 인기가 좋았던 것은 후추였다. 거래 품목으로 인기가 높기도 했지만 경우에 따라서는 화폐로 사용된 경우가 있을 정도로 값어치와 내재가치를 보편적으로 인정받고 있었다. 집세를 돈 대신 후추로 낼 정도였다. 석유가 나오기 전까지 후추는 '검은 금'이라는 별칭으로 불리기도 했다.

　　기록에 따르면 유럽 지역으로 후추가 전해지기 전에 이미 고대 이집트와 수메르 지역에서 아라비아 상인들이 후추를 거래했다. 그러다가 서기전 5세기경에 그리스를 통해 유럽으로 전해졌다. 초기에는 해독을 위한 의료용으로 사용되었다가, 로마인들이 음식에 넣기 시작하면서 식용으로 널리 사용되었다. 원산지에서 유럽까지의 이동 거리가 길다 보니 유통 과정에서 후추 가격이 수백 배로 뛰기도 했다. 그래서 돈과 권력을 쥔 왕을 비롯한 지배층만이 향신료를 향유했다. 이들은 음식에 몇 가지의 향신료를 넣었는가로 자신의 부를 과시하고자 했다. 그로 인해 고급 요리일수록 여러 향신료가 사용돼 강렬한 맛을 냈다.

## 향신료를 둘러싼 무역 전쟁

오늘날 과학과 기술의 발달로 사람이나 물건이 공간을 이동할 수 있는 수단이 다양해졌다. 경우에 따라서는 지구 반대편에서 보낸 물건을 며칠 만에 받아볼 수도 있다. 이런 운송 환경이 갖

쳐지기 시작한 것은 겨우 50~60년밖에 되지 않았다. 그 전까지는 물건을 보내려면 짧게는 며칠부터 길게는 몇 날이 걸렸다.

향신료도 마찬가지였다. 대부분의 향신료는 아시아와 유럽의 무역로였던 초원길, 비단길, 바닷길을 통해서 전달되었다. 먼 길이다 보니 각 지역의 패권을 누리던 국가들의 치안 상태에 따라 무역로의 안전도 변했다. 13세기에 역사상 최초로 동서양에 걸친 몽골제국이 등장했는데, 사상 최대의 영토를 자랑했던 몽골제국은 글로벌 네트워크를 구축하고 초원길과 비단길을 장악해 교역의 세계화를 이루어냈다. 그런데 몽골제국이 무너지면서 그 밑에 있었던 수많은 유목민족이 난립하기 시작하며 무역로의 치안이 불안해졌다. 더군다나 바닷길은 배가 침몰당하는 등의 위험을 수반하다 보니 향신료의 가격은 비싸질 수밖에 없었다. 후추 한 상자는 여자 노예 세 명을 살 수 있는 가격보다 더 비싸게 거래되었다. 그전에도 향신료는 비싸게 거래되었지만 향신료가 더욱더 돈이 된다는 것을 깨달은 유럽 사람들은 큰돈을 벌기 위해 목숨을 건 향신료 무역에 뛰어들기 시작했다.

처음에는 서유럽의 방파제 역할을 하던 동로마(비잔틴)제국의 수도인 콘스탄티노폴리스에 후추를 포함한 향신료가 1차적으로 집산되었고, 지중해를 통해 동로마에 충성을 맹세한 베네치아로 건너가 상인들에 의해 유럽으로 퍼져나갔다. 이런 형태의 향신료 무역은 400여 년간 지속되다가 중세가 끝나면서 시들해졌다. 이 시기 동안 향신료를 비롯한 각종 동양의 물자를 중계무역했던 베네치아는 지중해 무역의 중심이었다.

그러다가 바닷길을 개척해 인도와 인도네시아의 향신료를 선점하게 된 포르투갈이 '카자 다 인디아'라는 무역 관청을 만들어 본격적으로 향신료 무역을 시작했다. 인도에서 구한 향신료를 유럽으로 가져와 팔면 두 배 이상의 이윤을 남길 수 있었다. 이 소식은 빠르게 유럽으로 전파되었다.

한편 교황의 거만함이 느껴지는 조약이 있다. 이른바 에스파냐와 포르투갈이 관할하던 땅을 양분한다는 내용을 담은 '토르데시야스조약'이다. 이 조약에 따라 브라질과 아시아, 동인도제도에 진출해 활동하던 포르투갈에 고난이 닥쳤다. 1580년부터 1640년까지 에스파냐의 지배를 받게 된 것이다. 기회를 노리던 주변 나라들은 포르투갈의 공백을 메워갔다. 특히 네덜란드가 큰 이익을 보았다. 1595년 프레더릭 더하우트만Frederick de Houtman과 1598년 야코프 판 넥Jacob van Neck이 인도네시아에서 후추를 가지고 왔는데 4~5배의 수익을 남기며 무역을 성공적으로 이끌었다. 이후 네덜란드가 인도네시아를 거점으로 향신료 무역을 독점했다.

영국도 뒤늦게 향신료 무역에 뛰어들어 1603년에 103만 파운드의 후추를 가지고 왔지만 자국 내 소비량이 4분의 1에도 미치지 못해 프랑스를 비롯한 주변 나라에 팔아야 했다.

큰돈을 벌 수 있다는 소식에 프랑스도 르로이와 고데프로이 컴퍼니를 1604년에, 몽모랑시 컴퍼니를 1611년에, 몰루카스 컴퍼니를 1615년에 각각 세웠지만 기대만큼의 이익을 얻지는 못했다. 이 밖에도 1616년~1729년까지 덴마크가 동인도회사를, 1722년~1731년에는 오스트리아가 오스텐드를, 스웨덴도 동인도회사를 뒤늦게 설립하지만 향신료 시장을 선점한 네덜란드와 영국의 텃세 때문에 뚜렷한 성과를 내지 못해서 문을 닫는 경우가 많았다.

그렇다면 네덜란드가 다른 나라들에 비해 향신료 무역에서 우위를 점할 수 있었던 까닭은 무엇일까? 네덜란드의 동인도회사는 주식회사의 체계를 갖추고 있었으며, 인도네시아에 현지 상관을 개설해 현지 직원을 상주시켰다. 그 직원은 향신료의 가격이 내려가면 이를 대량으로 사들여 창고에 저장해 두었다. 그리고 상선이 오면 향신료와 다른 무역품을 실어 보냈는데 이런 형태의 발 빠른 운영 덕분에 다른 나라보다 더 많은 이익을 얻을 수 있었다.

한편 향신료 시장을 선점한 영국과 네덜란드는 더 많

은 돈을 벌기 위해 아시아에서 결전을 벌이기도 했다. 이 전쟁에서 승리한 것은 네덜란드였다. 하지만 역사적으로 볼 때 최종 승리한 나라는 영국이었다. 향신료에 눈이 먼 네덜란드가 반다제도와 수리남의 소유권을 인정받는 대신 영국에 뉴욕을 넘겨주는 어처구니없는 실수를 저질렀으니까 말이다.

당시만 하더라도 바다를 항해하는 것은 목숨을 거는 것과 마찬가지였다. 지중해를 벗어나는 것은 두려운 일이었지만 돈을 향한 사람들의 집념까지 막을 수는 없었다. 이런 이유로 시작된 '대항해'는 기존의 세계질서를 바꾸어놓았다. 한 알의 크기라고 해봤자 4~5밀리미터 정도인 후추가 세상을 바꾸는 방아쇠가 된 것이다. 향신료 무역은 정당한 값을 치르며 상거래를 했던 아라비아 상인을 서양 선원들이 대체하면서 식민지 건설을 통한 강탈과 탄압을 앞세운 약탈로 변했다. 상도의를 무시한 약탈은 열강의 식민지 쟁탈로까지 이어지며 오랜 시간 아시아와 아프리카를 혼란에 빠뜨렸다.

## 탐욕이 불러온 참사

중세 유럽에서 은보다 훨씬 비싸게 팔리던 것이 바로 향신료

─────── **〈후추를 수확하는 원주민들〉**    유럽 국가들은 향신료가 돈이 되는 사업임을 알고 향신료의 재배지를 찾아 항로 개척에 뛰어들었다. 유럽 열강들은 무력으로 향신료 원산지를 점령한 뒤 원주민을 무자비하게 학살하거나 이들과의 무역을 독점하기 위해 서로 간의 전쟁도 불사했다. 원주민들은 사실상 노예로 전락했으며 하루 종일 농장에서 일하며 후추를 수확했다.

였다. 앞서 살펴봤듯이 포르투갈은 향신료를 확보하기 위해 가장 먼저 동남아시아로 진출했다. 후발 주자였던 영국과 네덜란드도 서둘러 동남아시아에 진출했다. 초반에는 어느 정도 세력 균형을 이루었지만, 17세기 중반 저비용 대량생산이 가능해진 네덜란드 조선업의 성장으로 인해 네덜란드가 포르투갈을 앞지르기 시작했다. 네덜란드 동인도회사를 통해 거대한 선단을 꾸리게 된 네덜란드는 포르투갈이 빠지면서 발생한 무역 공백을 대체하는 주요 상단으로 거듭났다. 네덜란드는 포르투갈이 가지고 있던 동아시아의 무역 지대를 하나씩 인수하면서 향신료 무역에 대한 우선권을 얻었고 이를 기반으로 엄청난 수익을 거둘 수 있었다.

　　네덜란드는 영국을 배제하고 정향이라는 향신료의 원산지인 암보이나에 대한 통제권을 선점하기 위해 '암보이나 사건'을 일으킨다. 1623년에 일어난 이 사건에서 네덜란드 상인들은 자국 총독 암살 사건의 용의자로 영국 동인도회사 사람들을 지목했다. 네덜란드 동인도회사는 암살 미수 사건에 가담한 것으로 의심되는 영국인들을 잡아다 잔혹하리만치 고문한 다음 사형에 처했다. 이 사건으로 거점을 상실한 영국은 동남아시아에서 철수했고 네덜란드가 향신료 무역을 독점하게 되면서 당시 동남아시아의 패권국으로 떠오르게 되었다.

하지만 너무 많은 욕심을 부리면 탈이 나기 마련이다. 승승장구할 것 같았던 네덜란드에 문제가 생겼다. 유럽에 공급하는 향신료의 물량이 증가하면서 가격하락이라는 독을 안게 된 것이다. 네덜란드 동인도회사는 더 많은 돈을 벌기 위해 향신료의 무역량을 늘리는 욕심을 부렸는데 공급에 비해 수요는 크게 늘지 않아 시장가격이 하락했다. 네덜란드 동인도회사는 예상했던 만큼의 수익이 발생하지 않자 점점 위기에 몰리게 된다. 이는 16~17세기 전반에 걸쳐 에스파냐가 유럽 생산량의 6~7배에 달하는 은을 매년 신대륙에서 가져오는 바람에 유럽 내 은의 가치가 폭락하고 물가가 3~4배 급등했던 '가격혁명' 원리와 흡사하다.

그 반면 인도 지역으로 발길을 돌린 영국은 향신료가 아닌 면화라는 새로운 시장에 눈을 뜨게 되었고, 인도의 거대한 농장을 통해 면화를 저렴하게 확보할 수 있게 되었다. 18세기 후반 영국의 산업혁명을 이끈 분야가 면직물 산업이었다는 것을 생각한다면 역사의 아이러니가 아닐 수 없다.

# 또 다른 무기 자원,
# 목재

## 금속 시대를 열어젖힌 목재

흔히들 인류의 위대한 발견 중 하나로 '불의 발견'을 꼽는다. 불을 발견하기 전과 후의 인류의 삶은 밤과 낮처럼 극명한 대비를 이루었다. 불은 인류가 밤에도 활동할 수 있게 해주었고, 추위와 맹수의 위협으로부터 인간을 보호했다. 또한 날것으로 먹으면 탈이 나기 쉬웠는데 음식을 익혀 먹으면서 일부 질병으로부터도 안전할 수 있게 되었고, 음식을 소화하는 데 필요한 에너지와 시간도 단축하게 되었다.

그러나 불은 자연에서 나약했다. 큰불이 아닌 이상 바

람이나 비에 쉽게 꺼졌다. 그래서 인류의 조상들은 이러한 위험으로부터 불을 보호하기 위해 귀하게 다루었다. 우리 선조들의 경우, 아궁이를 만들어 불씨가 꺼지지 않게 했다.

옛사람들은 불을 피우기 위해 나무를 베어다 땔감으로 쓰곤 했다. 운반이 어렵다는 단점이 있었지만 목재를 구하는 일은 어렵지 않았다. 때로는 나무로 가구를 비롯한 생활에 필요한 각종 도구를 만드는 데 쓰기도 했다. 가공할 수 있는 재료가 다양하지 않았던 시절, 나무는 자르거나 깎는 등의 성형이 가장 쉬운 재료였다. 음식을 만들기 위해 피우는 불부터 육지에서 재화를 싣고 이동시키는 수레의 바퀴나 마차까지 나무의 쓰임새 또한 다양했다. 또 유럽의 내해인 지중해를 건너기 위한 필수품이었던 선박을 만드는 주요 재료이면서도 나무통이나 의자처럼 선박에 들어가는 대부분의 도구와 발명품을 만드는 데에도 목재가 쓰였다. 이런 이유들로 산림이 황폐화된 나라는 앞날에 대한 불안이 엄습했지만 울창한 숲을 가지고 있는 나라들은 나라의 미래를 넘어 미래세대를 위한 부를 소유했다는 것을 의미하기도 했다.

한 나라가 세력 확장을 하기 위해 외부로 눈을 돌릴 경우, 주변국과의 갈등은 필연적이고 불가피하다. 서로 간의 원만한 양보를 통해 평화롭게 해결할 수도 있지만 일방적인 주장과 일방의 이익만이 강요한다면 전쟁으로 승부를 볼 수밖에 없다. 우수한 무기가 승리를 좌우하는 법이다. 예나 지금이나 많은 나라가 무기 개발에 힘쓰는 것도 이 때문일 것이다. 서기전 2000년경 아나톨리아에서 일어난 히타이트가 오리엔트 지역의 패자로 군림할 수 있었던 까닭도 철제 무기를 사용했기 때문이었다.

하지만 철과 같은 금속은 단단해서 다루기 어렵다. 단단한 금속을 원하는 모습으로 만들어 사용하려면 제련을 해야 하는데 이때 필요한 것이 바로 불이다. 전통적으로 가장 많이 쓰이던 땔감은 목재였다. 불의 온도가 높을수록 금속의 순도를 높이거나 강도를 높이는 데 중요한 역할을 했다. 그래서 더 높은 온도를 위해 나무를 숯으로 만들어 사용하면서 풀무를 이용했다. 불의 역할이 커질수록 목재의 중요성 또한 높아졌다. 녹는점이 다른 금속의 특성 때문에 얼마만큼의 열에너지를 낼 수 있느냐가 활용할 수 있는 금속의 다양성으로 이어졌다.

석탄 가공법의 개발로 황이 제거된 코크스를 사용하는 산업혁명 시기가 오기 전까지 목재는 땔감으로 쓰이면서 인류에게 없어서는 안 되는 중요한 자원이었다.

# 목재의 경제적 효과

베네치아와 제노바를 비롯한 북부 이탈리아의 도시들은 유럽의 허파 역할을 하는 알프스 산림과 지리적으로 가까웠기 때문에 다른 도시국가들에 비해 접근성이 유리했다. 베네치아 등은 이러한 지리적 이점을 활용해 알프스 산림에서 나무를 베어다 무역선을 건조했고 결국에는 지중해 무역의 강자로 거듭날 수 있었다. 게다가 십자군전쟁 과정에서 베네치아 등이 지중해 무역을 독점하면서 큰 번영을 누렸고, 경제적 파급 효과도 유발되면서 메디치 가문이 있던 피렌체가 금융의 중심지로 자리 잡는 데도 영향을 미쳤다.

한편 대항해시대는 포르투갈이 마데이라섬을 발견하면서부터 시작했다고 볼 수 있다. 포르투갈어로 '나무'를 의미하는 마데이라Madeira를 이름으로 사용할 정도로 발견했을 당시에는 빽빽한 산림이 우거져 있었다고 한다. 포르투갈은 이곳의 더운 기후를 활용해 사탕수수 농사를 하려고 벌목을 했다. 벌목한 나무는 주로 선박을 건조하는 데 쓰였고, 그 외에는 이곳으로 이주한 유럽 사람들이 집을 짓거나 땔감으로 사용했다.

포르투갈은 마데이라에서 재배한 사탕수수로 설탕을 제조한 다음 유럽 여러 나라와 교역하면서 막대한 부를 쌓았다. 포르투갈은 이 판매 수익을 신항로 개척에 필요한 무역선을 건조하는 재원으로 사용했다. 이때 개척된 항로 덕분에 포르투갈은 아시아로 진출해 대항해시대를 열어젖혔고 초기 향신료 무역을 독점하다시피 하며 많은 이익을 올렸다.

목재는 당시 무역과 나라의 경쟁력에 있어 절대적인 요소였다. 프랑스의 태양왕 루이 14세Louis XIV 때 재무장관직을 수행하던 장 바티스트 콜베르Jean Baptiste Colbert는 프랑스를 유럽에서 가장 강대한 국가로 만들기 위해 중상주의 정책을 추진했다. 콜베르는 정책이 성공하기 위해서는 경쟁국인 네덜란드나 영국에 못지않은 해군력을 갖춰야 한다고 생각했다. 이에 로슈포르에 선박을 건조할 조선소와 이를 관리 감독할 해군기지를 세우고 임야보호법을 마련해 리무쟁 지역에 오크나무숲을 조성하게 했다. 당시에는 목재가 전략 물품 중에 하나였기 때문에 매우 중요한 자원이었다. 해군력 증강을 위한 조치이기도 하지만 목재 거래를 통해서도 이익을 창출할 수 있었기 때문에 여러모로 프랑스의 백년대계를 위한 포석이었다고 볼 수 있다.

시간이 갈수록 과학과 기술이 발달하면서 목재가 아니더라도 석탄을 활용한 코크스를 연료로 사용하면서 철을 자유롭게 활용할 수 있게 되었다. 유럽 최초의 철갑선으로 알려진

'라 글루아르'가 1857년 건조를 시작해 1859년 진수되었다. 이는 선박 건조에 있어 목재의 활용에 변화가 시작된 것을 의미한다. 물론 목재로 만든 선박 외벽에 철갑을 두른 형태였지만 목재의 중요성이 줄어드는 계기가 되었다. 이후 철골구조로 만들어진 '워리어'를 거쳐 1876년에 프랑스에서 세계 최초로 선체 전부를 철제로 제작한 '르두터블'이 완성되면서 선박을 만들 때 사용되는 목재의 양이 급격하게 줄어들었다.

시간이 지나면서 리무쟁숲에 심은 나무는 선박을 만드는 데 사용해도 될 정도로 자랐지만, 정작 선박에는 사용하지 못했다. 그렇다고 오크나무의 쓰임새가 없어진 것은 아니었다. 원래 계획했던 용도로는 사용하지 못했지만 나무가 주는 특유의 매력과 분위기 덕분에 근래에는 고급 요트 같은 선박 내부의 가구나 시설을 꾸미는 데에 꾸준히 사용되고 있다.

또 포도주나 증류주 같은 술을 담는 통을 만들 때도 사용하면서 오크나무만의 또 다른 부가가치를 창출하고 있다. 오크나무로 만든 오크통에 포도주를 숙성하면 그 과정에서 화학적 작용이 일어나 과일 향이나 나무 향 같은 특유의 향이 만들어지는데 나무통에 담겼던 포도주를 비워내도 나무의 결 사이에 잔향이 남아 있다 보니 거기에 갓 증류한 브랜디나 위스키를 넣어 향을 침출하려는 시도가 늘어나고 있다. 알코올 도수

———————— 클로드 모네, 〈퐁텐블로숲〉, 1865년    퐁텐블로숲의 오크나무는 목질이 단단하고 뒤틀림이 적어 전함을 만들기에 탁월했다. 하지만 과학과 기술의 발달로 철로 배를 만들기 시작하면서 오크나무의 용도는 달라진다. 사람들은 포도주를 숙성하는 통을 오크나무로 만들어 수출하기 시작했다. 오크통에서 포도주를 발효하거나 숙성하면 나무의 탄닌과 독특한 향이 더해져 풍미가 좋아진다. 18세기에 조성된 오크나무숲 덕분에 오늘날에도 프랑스는 오크나무를 세계 여러 나라에 수출하며 짭짤한 수익을 올리고 있다.

가 높은 증류주는 삼투압을 활용한 특유의 침출 작용을 한다. 포도주가 들어 있었던 오크통의 나뭇결에 남아 있는 술의 과일 향과 성분, 또 나무 고유의 색깔과 함께 담겨 있던 리그닌 향을 뽑아낸다. 이런 이유들 때문에 스카치위스키를 비롯한 증류주를 생산하는 여러 회사가 포도주를 담았던 오크통을 서로 가져가려고 눈독을 들인다. 오크통에 담긴 포도주가 비워지지 않았지만 비싼 돈을 주고 선점하는 경우도 있다. 리무쟁숲에 처음 나무를 심을 때만 하더라도 지금과 같은 용도는 생각지도 못했을 것이다.

게다가 포도주 못지않은 전통을 품고 있는 리무쟁숲의 역사는 다양한 문화콘텐츠로 재탄생해 또 다른 부를 창출해내고 있다. 오늘날을 살아가는 프랑스의 후손들은 선조들의 선견지명 덕분에 오크나무의 또 다른 혜택을 누리고 있는 셈이다.

# 커피의
# 경제학

## 돈 자루가 된 콩 자루

1683년 7월 17일, 오스만제국은 신성로마제국의 영향력이 약해진 틈을 타 빈을 또다시 포위했다(2차 빈 공방전). 오스만제국은 20만 명이라는 대군을 이끌고 왔음에도 유럽연합군에 패했고, 결국 장기전에 대비해 가져온 물품을 제대로 챙기지도 못한 채 9월 12일에 줄행랑을 쳤다. 오스만튀르크가 챙겨온 군수물자는 워낙 방대한 데다 품목도 꽤 다양했다. 그들이 놓고 간 것 중에는 갈색 자루 수백 개도 있었다. 그 안에는 콩처럼 생긴 것이 한가득 차 있었지만 이국의 비싸 보이는 신비한 물건이 수두룩하다 보니 이것들은 사람들의 관심을 끌지 못했다.

　　이 콩은 6~7세기경 에티오피아고원에서 양을 치던 어린 목동 칼디Kaldi가 최초로 발견한 것이라고 알려졌다. 이후 525년 예멘을 무너뜨리고 지배했던 에티오피아 악숨왕국에 의해 예멘으로 전해졌을 것이라 추정하고 있다. 당시 홍해 제해권을 가지고 있던 악숨왕국은 예멘에서 재배한 콩이 무역상품으로 큰 인기를 끌자 다른 지역에서는 이 콩을 재배하지 못하도록 콩의 종자를 볶아서 수출하는 꼼수를 부렸다. 이로 인해 독특한 풍미를 갖게 된 콩은 유럽에서 재배되기 전까지 400여 년간 예멘에 독점적인 부를 안겨주었다. 예멘에서 콩의 종자와 묘목을 관리하는 것은 후손들에게 부를 대물림하는 것으로 간주될 정도였다.

　　특히 볶은 콩을 곱게 갈아 그 위에 물을 부어내려 마셨던 음료는 후에 '카흐와quhwa'와 '카흐베kahve'로 불리며 사람들의 입맛을 사로잡았다. 네덜란드어로 '코피koffie'라 불린 이 음료는 1582년 『모르겐란더의 쌀』이라는 저서에서 '커피coffee'라는 명칭으로 불리기 시작해 지금까지 전해지고 있다,

　　포도주가 로마의 세력 확장과 함께했듯이, 아라비아 지역에서 태동한 이슬람 세력이 북아프리카와 소아시아를 비롯해 발칸반도로까지 팽창하면서 커피도 그 길을 따라 남유럽

까지 전해졌다. 십자군전쟁 중에 커피가 일부 유럽에 알려졌지만 동방무역을 본격적으로 시작한 베네치아를 거점으로 전 유럽에 퍼져나갔다.

여러 차례의 충돌로 감정의 골이 깊어져 이슬람에 대해 감정이 좋지 않았던 가톨릭 신자들은 커피콩을 '악마의 콩'이라고 부르며 저주했다. 심지어 유럽으로 유입되지 않도록 교황에게 공식적으로 금해달라는 요청을 했다고도 한다. 1600년경 교황 클레멘스 8세Clemens VIII는 커피를 맛본 뒤 이 음료를 이교도에게만 마시도록 한다는 것은 옳지 않다며 반대를 무릅쓰고 커피에 축복을 내렸다는 풍문이 있다. 사실 여부를 떠나 이런 이야기를 타고 커피는 유럽에 급속한 속도로 퍼지기 시작했다. 커피를 마시는 사람이 늘어나면서 커피와 관련된 일을 하는 것은 곧 돈이 되었다.

초기에는 유럽이 커피를 전량 수입에 의존했기 때문에 커피가 인기를 끌수록 원두를 생산해 수출하던 예멘은 돈을 쓸어 담았다. 예멘의 커피는 모두 모카항을 통해 유럽으로 수출되었다. 그래서 유럽에서는 커피와 모카가 동일한 뜻으로 사용되기도 했다.

유럽으로 커피를 실어 나르던 네덜란드 동인도회사는 중계무역만으로도 많은 돈을 벌었지만 예멘에 쌓여가는 부의 크기가 커질수록 그 거대함을 알았기에 야욕을 드러냈다. 예멘의 독점적인 지위를 무너뜨리기 위해 기회를 엿보던 네덜란드 상인 피터르 판 덴 브뤼케Pieter van dan Broeck는 위험을 무릅쓰고 일을 저질렀다. 1616년 모카에서 볶은 커피콩을 가지고 네덜란드로 돌아오는 배편으로 예멘에서 수출이 금지되었던 종자와 묘목도 숨겨 가져온 것이었다. 암스테르담식물원에서 기후적응의 어려움으로 몇 번의 실패 끝에 유럽에 뿌리내린 커피나무는 이후 새로운 유럽 커피 역사를 쓰게 된다. 네덜란드 커피는 유통비용이 줄어들면서 가격경쟁력이 생겼다. 네덜란드 커피를 찾는 사람들이 증가하면서 예멘에서 수입되는 원두의 양은 줄어들었고 그 대신 네덜란드의 이익은 증가했다.

커피는 새로운 유행을 낳았고 네덜란드와 가까운 영국을 비롯해 이탈리아, 프랑스에도 커피가 알려지면서 찾는 이가 하루가 멀다 하고 늘어나기 시작했다.

1636년 차가 보급되었지만 커피의 인기를 넘어서기에는 역부족이었다. 더군다나 빈 공방전에서 오스만튀르크가 퇴각하며 놓고 간 콩 자루는 빈에 '커피하우스'가 급속도로 증가하는 계기가 되었다. 유럽 전역에 빈 스타일의 커피하우스가 들어섰다. 커피하우스에는 온갖 사람들이 모여들었고 다양한 거래와 이야기가 오갔다. 이곳에서 다양한 경제 정보가 오가면

———————— 〈영국의 커피하우스〉   1650년 영국 최초의 커피하우스가 문을 연
뒤, 커피하우스는 사교의 장뿐만 아니라 정치와 비즈니스의 무대로
떠올랐다. 남성들은 커피하우스에서 모여 사업 정보를 교환하거나
책, 신문을 읽으며 정치·경제·사회·예술 등 다방면에 대해 의견을
나누었다.

서 금융 저널리즘이 태동되었으며 증권거래소의 현대화를 비롯해 각종 금융회사의 설립이 이어졌다.

근대적인 보험제도도 커피하우스에서 탄생했다. 앞서 이야기했듯이 17세기에 바다를 항해하는 일은 많은 위험이 따랐다. 그러다 보니 사고가 일어났을 때 발생할 수 있는 경제적 손실을 줄이기 위한 해상 보험의 필요성이 대두되었다. 당시 영국 런던에 로이즈 커피하우스가 있었는데, 항구와 가까웠던 이곳에 선주, 상인, 보험업자 등이 자연스럽게 모여들면서 보험계약이 이루어지곤 했다. 그렇게 탄생한 보험은 여러 정치적 과정을 거치면서 지금과 같은 보험제도로 자리 잡았다. 1680년대 인구가 50만 명이었던 런던에 3,000여 곳의 커피하우스가 있었다는 기록을 봤을 때 소비된 커피 양과 그로 인해 움직인 돈은 숫자로 가늠하기가 쉽지 않다.

한편 1670년 프로이센에도 커피가 전해졌다. 여성들은 커피하우스에 출입하지 못했던 영국과 달리 프로이센에서는 여성들의 출입도 가능했다. 그 덕분에 프로이센에서 커피는 남성의 지지를 뛰어넘어 여성의 인기를 한 몸에 받는 음료로 각광을 받았다. 왕실이 커피 수입으로 국고 유출을 우려할 정도였다. 일시적이기는 했지만 1777년에 프리드리히 2세 Frederick II가 커피 금지령을 내리기도 했다. 한 나라의 재정에 부담과 위협을 가할 정도로 유럽인들의 커피 사랑은 대단했다. 커피가 당대 최고의 인기 상품이었던 만큼, 커피가 움직이는 돈의 크기 역시 상당한 수준이었다.

지금보다 더 사치스러운 기호음료였던 커피는 시간적 여유가 많은 귀족이나 상류층에 진입하기 시작한 자본가가 즐기던 음료였다. 신분을 상징하는 커피를 즐기기 위해 사용하는 돈도 꽤 많았다. 커피 한 잔이 테이블에 놓이기까지 재배부터 운반에 걸친 모든 과정은 부가가치가 높은 사업거리였고 그로 인해 부를 쌓은 이의 수는 시간이 갈수록 점점 많아졌다.

1600년대 5억 8,000여 명이었던 전 세계 인구수는 2022년 월드오미터 기준 80억 명에 육박하고 있다. 인구수가 늘어난 만큼 커피를 즐기는 사람의 비율도 꾸준히 증가하는 추세다. 오늘날 많은 사람이 즐기는 음료인 만큼 커피 산업에서 움직이는 뭉칫돈의 크기도 꾸준히 상승하고 있다. 전 세계에서 가장 활발히 거래되고 재화가 원유 다음으로 커피 원두라는 사실이 이를 정확히 알려주고 있다.

# 유럽 귀족들의 전유물,
# 굴

## 왜 유럽의 귀족들은 굴을 탐닉했을까?

사람들이 부를 이루려는 이유는 무엇일까? 저마다 여러 가지 이유가 있겠지만 가장 큰 이유는 안락한 주거 공간에서 깨끗한 의복을 갖추고 맛있는 음식을 배부르게 먹을 수 있는 풍족함을 위해서일 것이다. 그리고 그런 생활을 계속 유지하는 데 필요한 재원을 마련하기 위해서리라.

왕족, 귀족, 영주 같은 지배층과는 달리 모든 물자가 부족하던 피지배층은 먹고사는 것이 힘들었다. 그들이 부자를 부러워했던 가장 큰 이유는 화려한 집과 멋스러운 복장이 아니라 끼니 걱정 없이 언제든지 배불리 먹을 수 있어서였을 것이다. 풍요로움을 누릴 수 있도록 해주는 부는 많은 사람과 나라가 추구하던 바였다. 그중에서도 양심 있는 군주와 영주 들은 자신들의 영지에 있는 피지배층 사람들의 허기를 달래는 것이 지상 최대의 목표였다.

굶주림에 허덕이던 피지배층과 달리 지배층은 구하기 힘든 최고급 음식 재료로 만든 요리를 즐겨 먹으며 자신들의 우월함과 부를 드러내고자 했다. 그리고 그들이 선택한 음식 재료 중의 하나가 굴이었다.

날것을 즐겨 먹지 않는 유럽인들도 굴만큼은 열광했다. 그 배경에는 오랜 시간에 걸쳐서 만들어진 굳건한 믿음이 작용했다. 굴이 남성의 정력에 좋다는 속설이 있었으며 로마인들은 장수의 비결로 굴을 꼽기도 했다.

유럽인들의 굴 사랑은 로마시대 때부터 유명했다. 로마의 8대 황제인 아울루스 비텔리우스Aulus Vitellius는 약 8개월이라는 짧은 기간 동안 재위에 있었다. 그래서 자세히 알려진 바는 없지만 음식사를 이야기할 때만큼 빼놓을 수 없는 인물이다. 장어의 내장, 홍학의 혀, 공작새, 플라멩코처럼 일반적으로 구하기 힘든 음식 재료를 즐겨 먹으며 자신의 권력과 부를 과시했다. 그중에서 가장 비싼 값을 치르고 구했던 음식 재료가 바로 굴이었다. 황제의 식탁과 입맛을 채워줄 굴을 구하기 위해 로마의 병사들은 도버해협에서 굴을 채취해 로마로 가져왔다. 모든 길이 로마로 연결되었다고는 하지만 이동 수단의 한계가 있었던 당시 여건을 고려하면 신선한 굴을 확보하기 위해 상당한 비용과 어려움이 있었을 것이다. 그런데도 굴을 즐기던 지배층은 시간이 갈수록 계속해서 늘어났다.

로마제국이 멸망한 이후 중세 유럽에는 많은 나라가 들어섰다. 지배층 사이의 굴 열풍은 전쟁과 같은 혼란기에는 잠시 주춤했지만 그들의 굴 사랑은 단순한 음식을 넘어 하나의 문화로 자리 잡아갔다. 이런 사회적 분위기가 형성된 여러 이유 중 하나는 당시 지배층의 대부분이 남성이었다는 데 있었다. 앞서 이야기한 것처럼 굴이 남성의 정력에 좋다는 소문 때문에 유럽의 왕과 귀족, 영주는 굴을 찾았다.

굴이 최고의 사치품으로 여겨지면서 유럽의 경제 중심지가 움직일 때마다 주요 굴 소비 지역도 달라졌다. 먼저 유럽의 여러 강대국과 달리 영토는 작았지만 대항해시대가 열리면서 유럽의 경제를 쥐락펴락했던 네덜란드에서 굴이 큰 사랑을 받았다. 굴의 생산지인 도버해협과 지리적으로 가깝다는 이유도 한몫했다. 당시 네덜란드는 청어잡이를 통해 축적한 자본을 기반으로 아시아에 진출해 향신료와 차 무역을 하면서 돈을 긁

어모으고 있었다. 풍족한 생활은 자연스럽게 사치로 이어졌고, 지배층은 자신들의 부를 과시하기 위해 비싼 식재료인 굴을 선택했다. 그로 인해 17세기 네덜란드는 굴 소비의 중심지로 이름을 날렸다. 당시 네덜란드인의 일상을 그리던 화가들의 그림에서 굴이 자주 등장하는 것도 이 때문이다.

비슷한 시기 유럽 경제의 또 다른 중심이었던 프랑스에서도 왕실을 중심으로 굴의 소비가 급격하게 증가했다. 그 시기는 프랑스의 국력이 절정에 달했던 루이 14세 때였다.

루이 14세가 다섯 살이라는 어린 나이에 왕위에 오르자 귀족들이 발호했고, 그 과정에서 시민들의 봉기와 귀족들의 분열로 왕실의 권위는 바닥까지 떨어진 상태였다. 겨우 왕위를 지킨 루이 14세는 왕권을 강화하기 위해 중상주의로 국부를 성장시켰고 이에 근거한 과세를 통해 국가와 왕실의 재정을 공고히 했다. 또한 상비군을 두어 왕권을 뒷받침해줄 군사력까지 확보했다. 강력한 절대왕정을 구축한 루이 14세는 20여 년에 걸쳐 건축한 베르사유궁전에서 무소불위의 권력을 휘둘렀다.

루이 14세는 베르사유궁전에서 성대한 파티를 자주 열었고, 귀족들은 왕의 눈에 들기 위해 파티에 참석했다. 이는 당시 루이 14세의 존재가 얼마나 무서웠는지와 파티의 중요성을 알려준다. 루이 14에게 파티는 귀족들로부터 충성 맹세

─────────── 얀 스테인, 〈굴을 먹는 소녀〉, 1658~1660년경　　다른 나라와 달리 네덜란드에서는 굴 먹는 사람들을 주제로 그림을 그릴 때 다양한 계층을 등장시켰다. 인접국인 프랑스만 하더라도 비싼 가격 때문에, 굴은 부르주아들이나 먹을 수 있던 식재료였다. 계급과 성별을 불문하고 네덜란드 사람들 대부분이 굴을 먹었다는 사실들은 당시 네덜란드의 국력이 얼마나 대단했는지를 여실히 보여준다.

를 받는 자리이자 왕실에 충성할 자격을 부여하는 매우 중요한 자리였다. 그 때문에 연회장의 분위기 못지않게 연회장을 채운 음식과 포도주의 중요도도 매우 컸다.

　루이 14세가 파티를 중요하게 여기는 것을 알았던 귀족들은 왕의 마음을 사기 위해 파티를 열기도 했다. 한번은 샹티이성의 콩데Condé가 1671년 4월 23일 목요일 오후부터 25일 토요일까지 루이 14세와 그의 2,000여 명의 일행을 위해 파티를 열었다. 음식은 프랑수아 바텔François Vatel이 담당했다. 모두가 만족해하는 파티가 계속되었다. 그런데 파티의 마지막 날, 성대한 파티를 위해 주문한 굴과 생선 등의 요리 재료가 폭풍우 때문에 배달되지 않은 사고가 발생했다. 고민에 빠진 바텔은 재료를 구하기 위해 사방을 뛰어다녔지만 2,000여 명이 넘는 사람들이 충분히 먹을 만큼은 확보하지 못했다. 바텔은 자신의 실수로 인해 콩데에게 피해가 갈까 두려운 나머지 두 번의 자살 시도 끝에 세상을 떠났다. 이는 당시 루이 14세와 함께 파티에 참석했던 세비녜 후작부인Marquise de Sévigné이 딸에게 보낸 두 통의 편지 속에 담긴 내용을 통해 확인할 수 있는 것으로, 당시의 파티가 그냥 먹고 마시는 것 이상의 의미였다는 것을 보여준다.

　귀족들도 굴을 탐닉한 루이 14세와 같이하는 시간이

많아지면서 자연스럽게 굴을 즐기기 시작했다. 프랑스혁명이 일어나기 전 파리의 인구수가 약 50만 명 징도였는데 굴을 파는 상점의 수가 2,000여 개였다는 기록만 보더라도 당시 프랑스 사람들의 굴 사랑을 알 수 있게 해준다.

루이 15세Louis XV의 의뢰로 그려진, 굴 요리가 있는 만찬을 배경으로 한 그림이 베르사유궁전에 걸렸는데 작품 속 인물들이 먹고 버린 굴 껍데기의 양을 통해서도 당시 귀족들이 얼마나 많은 굴을 소비했는지를 알 수 있다.

이후에도 프랑스는 혁명의 절정이라고 말할 수 있는 나폴레옹시대까지 유럽에서 가장 많은 굴을 소비한 나라였다. 나폴레옹은 전투를 치르는 중에도 굴을 먹을 수 있는 여건이라면 삼시 세끼 굴을 챙겨 먹었다고 한다. 나폴레옹뿐 아니라 그를 따르던 장군들 역시 굴 대식가였다고 알려졌다.

장 프랑수아 드 트로이, 〈굴 요리와 함께하는 오찬〉, 1734년　18세기
유럽에서는 굴 소비량이 곧 부의 척도라고 알려질 만큼 굴은 비싼 식
재료였다. 서민들은 입에 댈 수조차 없었고 왕을 비롯한 왕족과 귀족,
돈 있는 자본가들이나 굴을 먹을 수 있었다. 다수가 돈을 벌어 삶이
풍족했던 네덜란드와는 정반대였다.

# 새로운 부의 원천, 정보력

## 정보력의 격차가 부의 격차를 불러온다

◆◆◆◆◆

오늘날 금융시장의 방향을 주도하는 곳은 뉴욕이다. 2019년 3월 기준으로 뉴욕증권거래소에 2,298개 회사가 상장되어 있으며 이들의 시가총액은 약 23조 2,000억 달러로 세계에서 1위다. 3,059개의 회사가 상장된 나스닥에 비하면 상장사는 적지만 나스닥의 시가총액이 약 11조 2,000억 달러인 점을 고려하면 시가총액은 세계 최대 규모. 시장 인지도가 높아 미국의 기업뿐만 아니라 이름이 알려진 세계 유수 기업들의 주식이 뉴욕증권거래소에 상장되어 있다.

기업들이 이곳으로 모인 이유는 단 하나다. 세상의 모든 정보가 모이기 때문이다. 급속히 변화하는 현대사회에서 정보력 없이 돈을 버는 것은 불가능하다. 금리의 오름과 내림, 석유 생산량의 증감, 실업률의 증감, 환율, 국가 간 분쟁 등 다양한 분야에 관련된 정보가 경제와 직결되어 있다.

막강한 정보력을 바탕으로 전 세계 금융계에 영향력을 행사하고 있는 가문이 있다. 이미 언론과 책을 통해 많은 사람에게 '로스차일드'라고 알려진 '로트쉴트' 가문이다. 로트쉴트는 말 그대로 붉은roth 방패schild라는 의미다.

로스차일드가가 두각을 드러내기 시작한 것은 마이어 암셸 로트쉴트Mayer Amschel Rothschild 때부터였다. 빈민가에서 태어난 그는 기술이 있어도 직업을 가질 수 없는 유대인이다 보니 할 수 있는 일이 많지 않았다. 지금과 달리 예전에는 유대인들을 적대시했고 유대인들에 대한 사회적 차별과 편견이 엄연히 존재했다. 당시 유대인을 차별하는 사회적 분위기 때문에 유대계였던 마이어도 선택할 수 있는 직업이 많지 않았다. 그래서 시작한 일이 남들은 선호하지 않은 골동품상이었다. 마이어는 고철부터 값진 물건까지 다양하게 취급했는데 그러다 보니 여러 부류의 사람을 만나게 되었다.

마이어는 골동품뿐 아니라 희귀한 동전도 취급했다.

그러다가 우연치 않게 동전을 수집하는 취미를 가지고 있던 헤센카셀의 왕세자인 빌헬름(훗날 빌헬름 9세Wilhelm IX)과 거래를 시작하게 되었다. 마이어는 희귀한 동전을 발견할 때마다 왕세자와 거래하며 친분을 유지해나갔다. 유대인들은 약속을 목숨처럼 여겼는데 특히 자신들에게 이익을 주거나 은혜를 베푼 사람은 결코 배신하지 않았다. 덕분에 많은 유대인이 자신들을 기용한 왕족과 귀족에게 신뢰를 얻게 되었다. 그렇게 쌓은 신뢰는 유대인들에게 새로운 기회를 만들어주었다. 이런 기회는 마이어에게도 찾아왔다.

그러다 마이어는 친척의 도움을 받아 하노버에 있는 유대인 금융업체에서 1757년부터 10여 년간 수습 직원으로 일하며 금융과 환전에 대한 지식을 쌓은 뒤 프랑크푸르트로 돌아왔다. 그는 당시에 한자동맹 지역이었던 프랑크푸르트에서 환전상을 겸하면서 금융계에 발을 들여놓았다. 그리고 이듬해부터 오랜 신뢰 관계를 유지하던 헤센카셀의 빌헬름의 자금을 관리하기 시작했다. 신성로마제국을 이루는 수많은 나라 중에 하나였던 헤센카셀도 당시의 다른 나라들과 마찬가지로 경제 관념 없이 나라의 재정을 운영했다. 중세를 지배하던 가톨릭의 영향으로 지옥에 가기 싫어 돈을 멀리하고 천시하다 보니 발생한 상황이었다. 마이어와 오랜 친분을 유지해온 왕세자 빌헬름

──────── 모리츠 다니엘 오펜하임, 〈마이어에게 궁정 재정을 맡기는 빌헬름〉,
1861년　　당시 유럽에서 하층민으로 취급받던 유대인 로트쉴트가
오늘날 독일의 중부 도시인 마인츠, 보름스, 기센이 있는 지역에서 세
력을 이루던 헤센공국의 궁정 재정 책임자에 오르는 순간을 묘사했
다. 프랑크푸르트에서 사업을 시작한 마이어는 화폐 수집품 거래와
대부 사업, 환전 사업을 하며 공국들과 귀족들의 신뢰를 쌓아나갔다.
그리고 인적 네트워크를 활용해 믿을 만한 정보들을 수집했다. 잦은
전쟁으로 불안정한 정세 속에서 마이어가 제공하는 정보들은 불확실
성이 제거되면서 신뢰도가 높아졌다. 그는 가지고 있는 정보들을 활
용한 본격적인 돈벌이에 나섰다. 정보가 돈이 되는 세상이 열리면서
로트쉴트가는 세계적인 갑부라는 타이틀을 거머쥐었다.

은 이런 문제점을 해결하고자 했다. 그래서 왕실의 재산 관리와 나라의 세금 징수를 마이어에게 맡겨 궁정 재정을 담당하게했다. 마이어는 이 과정에서 받은 수수료를 모아 훗날 유럽의주요 도시를 거점으로 하는 은행을 세울 때 '종잣돈'으로 사용했다.

한편 여러 제후국으로 분열되어 있던 신성로마제국의정치적 혼란이 계속되자 그 여파가 헤센카셀에도 미쳤다. 시민들의 자유를 향한 갈구도 계속되면서 유럽 사회는 혼란스러워졌고 결국 여러 지역에서 전쟁으로 이어졌다. 이때 용병을 수출하던 헤센카셀은 여러 전쟁과 전투에 참여해 꽤 많은 돈을벌었다. 북아메리카에서 벌어진 미국의 독립혁명 때는 영국을위해 싸울 용병을 파견하기도 했다.

전쟁으로 갈등이 해결된 것은 아니었다. 오히려 또 다른 갈등을 낳았다. 이해관계가 복잡하게 얽혀 있던 유럽의 갈등과 혼란은 풍선처럼 부풀어 올랐다. 갈등의 풍선은 의외의곳에서 빵 하고 터졌다. 1789년 프랑스혁명이었다. 유럽의 여러 나라는 프랑스가 돌아가는 상황에 집중했다. 이들은 혁명의물결이 자국에도 미칠 것을 염려해 연합군을 꾸려 프랑스를 공격했고 프랑스는 더욱더 소용돌이쳤다. 그러다 결국 다투기는했지만 같은 레벨에서 놀던 프랑스 국왕이 시민들에게 붙잡혀

단두대에서 목이 잘려나가는 상황이 일어났다. 유럽 여러 나라의 국왕과 귀족, 영주들은 커다란 충격을 받게 된다.

이러한 상황에서 혜성처럼 등장해 프랑스의 혼란을 정리해버린 이가 유럽의 신예 나폴레옹이었다. 그는 프랑스의 혁명 정신을 유럽에 퍼뜨리겠다는 그럴듯한 기치를 내걸고 유럽을 프랑스 아래에 두기 위해 전장을 누볐다. 나폴레옹에 대항하는 프로이센을 지지하던 빌헬름 9세는 프랑스의 침략이 얼마 남지 않았다는 것을 직감하고 자신과 왕실의 재산을 지키기 위해 마이어를 통해 영국으로 보낼 계획을 세웠다.

마이어는 빌헬름 9세의 재산을 활용해 영국의 아서 웰즐리 웰링턴Arthur Wellesley Wellington 장군과 더불어 나폴레옹과 싸우던 동맹국에게 군비를 지원하며 나폴레옹의 몰락에 베팅했다. 또한 나폴레옹이 대륙봉쇄령을 내려 유럽 대륙과 영국 간에 무역을 못 하도록 막자 영국에서 오던 물자가 귀해졌는데 이를 무력화시키고자 밀무역을 시도했다. 이 과정에서 필요한 물자들을 몰래 교역하던 그는 많은 시세차익을 남기기도 했다.

# 로스차일드가와 워털루전투

◆━◆━◆

로스차일드가를 이야기할 때 빠지지 않는 일화가 하나 있다. 정보의 중요성을 단적으로 보여줄 뿐만 아니라 왜곡 현상까지 설명하고 있어 많은 것을 생각하게 하는 이야기다.

워털루전투가 최후의 일전이라는 것을 알고 있던 로스차일드가는 정보원을 투입해 전쟁의 결과를 미리 알아낸 뒤 영국의 국채를 팔아 치웠다. 통신수단이 없던 시절 나폴레옹의 패배가 영국에 알려지는 데에는 며칠의 시간이 걸렸지만 로스차일드가가 영국 국채를 팔아 치우기에는 넉넉한 시간이었다. 로스차일드가에서 팔았던 국채가 매물로 나오자 영국이 패배한 것 아니냐는 확인되지 않은 첩보가 흘러나왔다. 이런 분위기에서 로스차일드가는 자신들이 가지고 있던 영국 국채를 계속 팔았다. 매물이 많아지면서 가격이 점점 하락했지만 누구도 선뜻 국채를 매입하지 못했다. 쏟아지는 물량에 겁을 먹은 것이었다. 분위기가 이렇게 되자 다른 투자자들마저도 너 나 할 것 없이 자신이 가지고 있던 국채를 매물로 내놓았다. 말 그대로 서로가 눈치를 보며 손실을 최소화하기 위한 눈치게임이 시작된 것이다. 영국 국채를 보유한 투자자들은 조금이라도 덜 손해 보기 위해 손절매하기 시작했다. 매수는 없고 매도만 넘쳐나면서 채권시장은 시간이 갈수록 아비규환이 되어갔다. 매물이 쌓이자 국채 가격은 계속 떨어져 바닥을 하향 갱신하고 있었다.

더 이상의 매도 물량 없이 매물이 쌓일 대로 쌓이자 이번에는 로스차일드가가 아무도 거들떠보지 않던 매물을 헐값에 사들이기 시작했다. 채권을 내놓은 매도자들은 거래가 체결되었다는 사실에 안심할 뿐, 가격이 떨어져 종이쪼가리에 불과한 국채를 누가 매수(매입)했는지는 신경 쓰지 않았다. 그즈음 웰링턴 공작이 이끄는 연합군의 승전 소식이 영국에 전해졌다. 불확실한 첩보 대신 확실한 정보가 전해지자 영국의 국채 가격은 미친 듯이 고공 행진을 했다. 이 과정에서 헐값에 영국 국채를 사들인 로스차일드가가 막대한 차익을 남긴 것은 당연했다.

이후 마이어는 아들 다섯 명을 유럽의 중심 도시로 보내 정보망을 구축했다. 사람과 돈이 모인 곳에서 수집된 수많은 첩보들은 여러 곳을 통한 검증과 확인 과정을 거치면서 고급 정보로 만들었고 이를 사업으로 연결하는 수완을 발휘했다. 마이어가 세상을 떠난 뒤에도 그의 아들들은 프랑크푸르트, 런던, 파리, 빈, 나폴리에 자리를 잡고 전 유럽에 퍼져 있던 우편과 전신망을 통해 정보를 공유하면서 금융계의 큰손으로 자리 잡아가기 시작했다.

마이어는 살아생전에 아들들에게 '협력Concordia'을 당부했다. 아들들은 아버지의 바람대로 서로 협력하며 시너지를 냈다. 그들은 막강한 정보력으로 새로운 기회를 포착했고, 그 기회를 놓치지 않고 활용하며 새로운 부를 만들어냈다. 큰 리스크를 안고 가야 하는 경우에는 공동투자를 통해 위험을 분산시켰고 막대한 이익이 발생했을 때는 분배했다.

여기에서 알 수 있듯이 돈은 언제든지 잃을 수도 있고 벌 수도 있다는 점이다. 내가 돈을 볼 줄 아는 식견과 정보력만 있다면 말이다. 지금도 분초를 다투며 쏟아져 나오는 수많은 정보와 기사 속에는 우리의 식견을 기다리는 내용이 잠들어 있다. 우리가 계속해서 공부하고 경험하며 견문을 넓히고 식견을 높여야 하는 이유가 바로 여기에 있다.

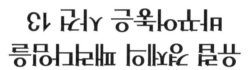

마더에이홍은 사건 13

유일한 강제에 때라아닝을

2막

# 유럽을 구한
# 농업혁명

## 쟁기의 발명이 가져온 농업혁명

역사라는 거대한 흐름이 발전하는 과정에서 때로는 작은 물줄기가 그 흐름을 바꾸어놓기도 한다. 이를테면 먹거리가 대표적이다. 항해와 무역, 침략과 약탈, 착취와 수탈, 폭동과 시위, 대규모의 난민 이동이 모두 삶을 위해 필요한 먹거리, 안전한 터전 확보와 관련 있다.

영국의 경제학자 토머스 맬서스Thomas Malthus가 1798년에 발표한 『인구론』에서 이야기한 것처럼, 당시에는 식량 생산 속도가 인구 증가 속도를 따라가지 못해 기아에 허덕이는 사람들이 많았던 경우도 있었다. 사실 식량난으로 인한 문제를 이겨내기 위한 시도는 맬서스의 주장 이전부터 여러 번 있었고 성공 사례도 꽤 많다.

45억 년이라는 지구의 역사에서 태초에 생명이 태어나고 공룡시대와 석기시대를 거쳐 오늘날까지 모든 시대의 모든 생명체가 먹기를 확보를 위해 움직였다. 인류가 정착 생활을 시작하면서 기아 문제를 해결하려는 여러 형태의 노력이 계속되었고 그 결과 다양한 변화를 만들어냈다.

하지만 인류는 도구와 기술을 개발하고 발전시키면서 맬서스의 주장이 틀리다는 것을 꾸준히 증명해왔다. 물론 때로는 자연현상으로 인해 어려움을 겪기도 했지만 시간이 갈수록 도구와 농업기술 개발은 물론 새로운 작물을 통해 인류는 오히려 먹거리가 남아도는 상황마저 이끌어냈다. 다만 이런 발전이 이루어지기 전까지 오랜 시간 인류가 겪었던 기아를 부정할 수는 없다.

기아는 대표적인 결핍 현상이다. 결핍이라는 상황을 극복하기 위해 인간의 두뇌 활동은 활발해졌다. 최초의 창의적인 발상은 시간이 지나면서 다듬어졌다. 수많은 발상, 발명과 기술의 발전이 인류의 생활에 변화를 가져다주었고, 그 변화들을 발판으로 해 인류는 성장했다. 이는 고대 농경 사회에서도 마찬가지였다. 특히 쟁기의 발명은 농업기술의 비약적인 발전을 가져오면서 생산성 향상에 도움이 되었다.

쟁기가 갓 발명된 당시에는 사용할 수 있는 재료가 한정적이었다. 게다가 지역적인 토질의 차이로 사용이 제한되기도 했다. 단단한 흙이 많은 중북부 유럽에서는 나무 쟁기를 사용하다가 부러지는 경우가 많았다. 건조해서 흙이 쉽게 부스러지는 남유럽에서는 나무 쟁기를 사용하기에 적합했다. 쟁기를 사용하면 땅을 깊게 팔 수 있었기 때문에 땅속의 영양분이 지표로 올라와 곡식과 야채, 과일의 생장에 도움이 되었다. 그래서 쟁기 사용이 가능한 남부 유럽을 중심으로 농경이 발달했다.

쟁기는 무게와 재질이 중요하다. 무거울수록 깊은 곳의 흙을 뒤집을 수 있고 강한 재질일수록 습기를 머금은 질척한 땅마저 뒤집을 수 있어 경작지가 확대되는 효과를 가져온다. 그러다 보니 나무로 쟁기를 만들던 시절에는 나무의 강도를 유지하기 위해 무게를 늘려야 했고 이를 위해 쟁기의 크기가 점점 커질 수밖에 없었다. 기록에 의하면 로마시대에는 여덟 마리의 소가 끄는 대형 쟁기가 있었다. 이는 로마가 정복지에 장군이나 귀족들이 운영하던 라티푼디움이라는 대규모농장을 형성하면서 가능한 일이었다.

유럽 역사에서는 중세시대의 시작점을 서로마제국이

랭부르형제, 〈베리 공의 매우 호화로운 기도서〉(3월), 1412~1416년
소 두 마리가 쟁기를 끌고 있으며 지 멀리 포도 농사를 준비하는 농
노들의 모습이 보인다. 철제 쟁기가 널리 보급되면서 농업생산량이
비약적으로 증가했다.

멸망한 해인 476년으로 본다. 고대로마의 라티푼디움은 중세의 장원제도로 이어졌다. 장원제는 중세 봉건제를 지탱하는 한 축이었다. 중세 사람들은 한곳에서만 지속적으로 농사를 지으면 지력地力이 떨어진다는 것을 알게 되자 농경지를 반으로 나누는 이포식(반포식)으로 농경과 휴경을 번갈아가며 지력을 유지하려고 노력했다. 프랑크왕국의 카롤루스Carolus 대제 때부터는 토지를 삼분해 농사를 짓기 시작했다. 이를 삼포제라고 하는데, 춘경지에는 봄부터 완두나 귀리 같은 잡곡을 심었고 추경지에는 가을과 겨울에 잘 자라는 밀이나 호밀 같은 작물을 심어 이모작을 했다. 휴경지에 풀이 자라면 방목을 통해 가축에게 먹였다. 가축의 사육을 위해 경작 방식을 선택했는데 이포제보다 삼포제를 할 때 휴경지의 규모가 줄어들었다.

삼포제를 통한 농업 생산량이 증대되면서 더 많은 사람이 풍족하게 먹을 수 있게 되었다. 이와 함께 철로 만든 쟁기의 보급으로 남부 유럽에 치중되었던 농경지가 유럽의 중북부 지역으로까지 확대되었다. 철제 쟁기는 나무 쟁기보다 크기를 작게 할 수 있어 적은 수의 가축이 끌어도 사용할 수 있었다. 또한 소보다 더 오래, 더 많은 일을 할 수 있는 말이 농경에 투입되면서 효율성이 높아졌다.

철로 만든 쟁기와 지구력으로 뭉친 말이 도입됨에 따

라 비옥했지만 입자가 작은 점토성 토질이 많아 농사를 짓지 못했던 북유럽 일대도 농사가 가능해졌다. 그 결과 버려졌던 땅이 개간되기 시작했다. 덕분에 농경지가 늘어나면서 농업 생산량도 상승하게 되었다. 철제 농기구와 말의 사용은 그야말로 혁신이었다.

혁신은 농업 분야에만 국한되지 않았다. 농경지의 증가는 식량 생산과 함께 해당 지역의 인구 증가를 불러왔다. 남유럽에 집중되었던 부도 인구의 이동과 함께 북유럽으로 조금씩 이동했다. 생산 활동이 가능한 곳이 늘어나자 인구 증가와 함께 상업 활동도 여러 곳으로 퍼져나갔다. 새로운 사람들의 유입으로 도시가 생겨났고 많은 거래가 일어나며 부가가치가 창출되었다. 자연스럽게 새로운 도시를 중심으로 부가 집중되기 시작했다. 먹거리를 생산하는 농업이 인구 증가와 도시의 성장에 기여하는 바가 얼마나 큰지를 알 수 있게 해주는 부분이다.

지중해를 중심으로 왕과 귀족들의 권한이 강했던 남부 유럽과 달리 발트해와 북해를 중심으로 발전한 북유럽에서는 독립된 도시의 권한이 강했다. 상거래가 활발한 도시답게 상인들의 권한이 상대적으로 컸고 도시 간의 자유로운 교역이 가능했다. 이런 환경을 필요로 하던 상인들에 의해 북유럽에서는 뤼베크나 함부르크와 같은 도시들이 중심이 된 무역 공동체인 한자동맹이라는 자유무역지대가 결성되기도 했다.

기록에 따라 약간의 차이는 있지만 한때 최대 10여 개국 200여 개 도시가 한자동맹에 가입했을 만큼 북유럽의 무역은 왕과 귀족들이 아닌 한자동맹에 가입한 상공인들에 의해 좌우되었다. 한자동맹은 교역량이 증가함에 따라 교역의 안전성을 확보한다는 명분하에 독자적인 해군을 두기도 했다. 동맹에 가입한 상선을 공격한 해적을 소탕하거나 과도한 통행세를 받으려 했던 덴마크에 선전포고를 할 정도로 위세를 떨쳤다. 한자동맹은 플랑드르산 모직물, 노르웨이의 어류와 목재, 러시아 모피, 스웨덴 철광석, 영국 양모를 비롯한 인접 국가의 여러 특산품을 교역했다. 그중에서 가장 많은 비중을 차지한 것은 쟁기의 발달로 이루어낸 농업혁명의 산물인 곡식이었다.

# 지중해 패권을 둘러싼 포에니전쟁

## 가장 위대한 전쟁, 2차 포에니전쟁

아펜니노반도에 있던 크고 작은 도시와 국가들을 휩쓸고 다니던 로마는 막강한 육군을 기반으로 성장한 나라였다. 그런 로마의 육군이 시칠리아에서 카르타고의 명장으로 이름을 떨치던 하밀카르 바르카Hamilcar Barca를 상대하자 패배를 거듭했다.

비록 전쟁에서는 카르타고가 로마에 패했지만 하밀카르는 시칠리아 전투에서 강력한 로마 육군이라는 말이 무색할 만큼 그들에게 패배감을 안겨주었다. 이후 사르데냐에서 일어난 용병들의 반란까지 연이어 성공적으로 진압한 하밀카르는 카르타고 시민들에게 큰 인기를 얻었다.

으레 그렇듯이 어느 조직에서나 누군가가 성공을 하거나 인기를 얻으면 시기하거나 두려워하는 집단이 생기기 마련이다. 하밀카르가 영웅적인 활약을 거두며 시민들의 환호 속에 지지와 인기를 누리자 이를 경계하는 반대세력이 형성되었다. 이러한 분위기를 가문의 위기로 느낀 하밀카르는 누미디아 기병대를 이끌고 갑작스러운 원정길에 나섰다. 그가 선택한 목적지는 바다 건너 서쪽에 있는 히스파니아였다. 서기전 230년경 이곳에 터를 잡은 하밀카르는 사위인 하스드루발Hasdrubal Barca에게 도시를 건설하도록 지시했다. 도시가 완성되자 바르카 가문은 노바 카르타고, 오늘날 카르타헤나라고 불리는 이곳을 중심으로 세력을 키워나갔다.

히스파니아에는 납, 아연, 수은, 구리, 금, 은 등을 채굴할 수 있는 광산의 수가 다른 지역들과 비슷했지만 매장량은 압도적이었다. 무기를 만드는 데 필요한 철광석도 수백만 톤이었을 것으로 추정한다. 독자적인 세력을 형성하기 위해 카르타고를 떠난 하밀카르 일행에게 이런 환경은 상당히 유리했다. 이들은 채굴한 각종 광물을 이용해 무기와 생필품을 만들었다. 때로는 주변 지역과 여러 종류의 광석을 거래해 부족한 물품을 구하기도 했다.

그렇다고 해서 히스파니아로 이주한 바르카 가문에게 행운만 따랐던 것은 아니었다. 히스파니아를 정복하는 과정에서 하밀카르가 암살당하고 만 것이다. 그의 뒤를 이어 가문을 이끌었던 사위 하스드루발도 켈트족 노예에게 암살당했다. 그 사이 건장한 청년으로 성장한 하밀카르의 장남 한니발Hannibal Barca이 가문의 수장을 이어받아 히스파니아에 있던 카르타고 세력을 이끌었다.

개척을 통해 넓은 영토와 거점을 확보하게 된 한니발은 히스파니아의 여러 물자를 바다 건너에 있는 아프리카의 새로운 재화와 교환하곤 했다. 금이나 상아 같은 물품부터 노예, 코끼리까지 히스파니아에 없거나 부족한 것들을 우선적으로 확보했다. 이 중에서 코끼리가 눈에 띄는데, 무거운 광물을 옮길 때 코끼리를 이용하려는 것도 있었지만 주 용도는 전투용으로 쓰기 위해서였다.

어쨌든 광산 채굴과 해상무역을 통해 부가 증대됨에 따라 바르카 가문의 세력은 점점 견고해졌고 영향력도 점차 커졌다. 이에 한니발은 카르타고에서 동고동락한 사람들에게도 식민지의 이익과 성과를 나누며 결속력을 강화해나갔다. 식민지를 건설하고 지배를 공고히 하는 과정에서 내부 갈등으로 분열되는 것을 미연에 방지하려는 노력의 일환이었다.

호주머니가 든든하면 없던 자신감도 생긴다. 부가 쌓일수록 젊은 한니발의 자신감도 커져갔다. 한니발은 1차 포에니전쟁 때 로마와 맺은 굴욕적이고 불평등한 조약을 파기하고 싶었다. 하지만 그렇게 하기 위해서는 전쟁을 일으키는 것밖에는 없었다.

　　오늘날 에스파냐의 동해인 발레아레스해에 면한 발렌시아라는 대도시가 있다. 그리고 그 옆에 사군토라는 작은 도시가 있는데 옛 이름은 사군툼이었다. 에브로강 이남에서 이곳을 제외한 히스파니아 지역의 대부분이 한니발이 이끄는 카르타고의 영토였다. 사군툼은 서기전 230에서 219년 사이에 로마와 친선을 맺은 뒤 교류하다가 한니발이 세력을 넓히는 과정에서 갈등을 빚었다. 한니발도 로마와 동맹관계였던 사군툼과의 마찰을 피하려고 했지만 가문의 지배를 받는 세력과 사군툼 간의 마찰이 이어지면서 갈등은 커져갔다.

　　히스파니아를 경영하면서 연이은 성공으로 자신감에 차 있었던 젊은 한니발은 고심 끝에 사군툼을 공격했다. 그리고 8개월여 동안의 전투 끝에 사군툼을 제압했다. 외형상으로는 동맹관계였지만 사실상 로마의 속지였던 사군툼이 점령당했다는 소식을 들은 로마는 카르타고에 강력하게 항의했다. 하지만 카르타고는 한니발에게 명령을 내릴 만큼 히스파니아에 대한 통제력은 사실상 없었다. 히스파니아에서 세력을 떨치던 바르카 가문은 형식상으로는 카르타고의 일원이었지만 카르타고의 영향력이 닿지 않는 독자적인 세력이라고 봐야 했다. 그럼에도 로마는 자신들의 요구가 거부당하자 카르타고에게 선전포고를 했다. 2차 포에니전쟁의 시작이었다.

　　자신으로 인해 카르타고가 위험에 빠지자 한니발은 로마를 공격하기로 결정했다. 그리고 누구도 생각하지 못한 대담한 전술을 내놓았다.

　　서기전 218년 5월, 한니발은 히스파니아와 북아프리카 일대를 방어하는 데 필요한 병력만 남기고 로마와 맺은 조약에서 북방한계선으로 여겨지던 에브로강을 건넌다. 이때 한니발이 이끈 병력은 보병 38,000명, 기병 8,000~10,000명 수준이었다고 전해진다. 한니발 군대가 이용했을 정확한 경로는 지금도 연구 중에 있지만 아마도 피레네를 넘고 갈리아를 거쳐 론강을 건너 알프스로 향했을 것으로 추정하고 있다. 노바 카르타고에서 출발한 한니발의 군대는 알프스를 넘어 로마에 도착하기까지 약 5개월 동안 진군했다. 그 과정에서 알프스를 넘는 데에는 보름 남짓이 걸렸을 것으로 추정된다. 알프스를 넘는 과정에서 많은 병력 상실이 있었는데 기록에 따라 조금씩 차이가 있지만, 알프스를 넘어 로마에 도착한 군사는 대략 보

──────── 윌리엄 터너, 〈눈보라 속에서 알프스를 넘는 한니발과 그의 군대〉, 1812년
200여 년에 걸친 포에니전쟁은 카르타고의 부를 탐낸 로마가 일으
킨 전쟁이었다. 2차 때에는 한니발이 눈보라라는 악조건 속에서도
군대를 이끌고 알프스를 넘어 로마까지 쳐들어갔으나 자마에서 스키
피오에게 패하며 항복했다. 이후 로마제국은 끊임없는 대외 팽창과
그에 따른 부의 창출 덕분에 번영을 누릴 수 있었지만, 넘쳐나는 부
에 취한 상류층의 사치와 향락으로 점차 쇠퇴의 길을 걸었다.

병 20,000명과 기병 6,000명이었다.

　한니발의 군대가 자신들의 코앞에 나타났다는 소식을 접한 로마는 그야말로 충격에 휩싸였다. 기습에 놀란 로마는 급히 시민군을 징집해 이들에게 맞서려고 했지만 한니발의 지휘를 받는 군대의 위세에 겁을 먹은 로마군은 속수무책으로 당하기만 했다. 당시 로마군은 10만 명이었음에도 불구하고 로마의 도로를 따라 남진하며 신출귀몰한 전술을 펼치는 한니발의 군대를 당해내지 못했다.

　로마의 원로원은 로마군이 연이어 패하자 선뜻 전투를 벌이지는 않았다. 전쟁이 길어지자 한니발은 뛰어난 전술로 전세를 유리하게 가져갈 수는 있지만 병력이 부족한 탓에 전면전을 치르기에는 어렵다고 판단했다. 그래서 로마와 동맹관계에 있는 나라들을 자기편으로 끌어들여 자신의 세력을 늘리고 로마를 와해시키는 전략을 사용하려고 했다. 하지만 한니발의 의도와는 다르게 로마의 동맹국들은 로마의 계속된 패배 속에서도 의리를 저버리지 않았다. 오히려 히스파니아에서 출발한 지원부대마저 괴멸당하자 결국 한니발의 군대는 이탈리아 남부 지역에 고립되고 말았다.

　이런 상황에서 로마의 대大스키피오Scipio Africanus는 히스파니아에 있던 카르타고군을 크게 무찌른 뒤, 북아프리카 지역에 있던 카르타고 본토를 공격하기 위해 채비를 서둘렀다. 한니발이 로마의 심장부를 강타한 것과 같은 전술을 펼치려는 것이었다. 물론 스키피오의 이 같은 대담한 아이디어는 당시 로마가 바다를 장악하고 있었기에 가능한 일이었다. 원로원의 만류에도 불구하고 스키피오는 서기전 204년에 아프리카 해안에 상륙했다. 그리고 카르타고 본토의 모든 것을 부수겠다는 생각으로 전쟁을 벌였다. 이 소식을 들은 한니발이 급히 귀국해 자마에서 스키피오의 군대와 접전을 벌였다. 한때 자신과 함께했던 누미디아의 기병대와 연합한 로마군과의 대결에서 한니발이 이끄는 카르타고가 패하면서 2차 포에니전쟁은 끝이 났다.

로마는 바르카 가문 소유의 광산은 물론 그들이 히스파니아에서 쌓아올린 부까지 차지하며 제국으로 성장할 수 있는 경제적 기반을 마련했다.

로마는 2차 포에니전쟁 이후 카르타고를 대등한 국가가 아닌 사실상 속국으로 전락시켰다. 카르타고 본토를 제외한 대부분의 식민지와 영토는 로마가 모두 차지했기 때문에 카르타고는 상납금도 더 이상 받을 수 없게 되었다. 로마는 카르타고에서 한니발과 같은 인물이 다시는 나오지 못하게 하려고 철저하게 탄압했으며 카르타고가 취하려는 정책과 행동을 하나

하나 감시했다. 이를 위해 로마는 해외에 있던 카르타고의 영토와 식민지를 모두 넘겨받았을 뿐 아니라 해상무역을 하는 상선을 보호하기 위해 필요했던 카르타고의 해군도 해체해버렸다. 더불어 카르타고는 로마의 승낙 없이는 다른 나라와 전쟁도 할 수 없게 만들어버렸다. 그즈음 로마는 마케도니아와 그리스까지 영향력 아래에 두어 지중해에서 가장 강력하면서도 유일한 강대국으로 성장해 있었다. 로마는 날개가 꺾인 카르타고가 더 이상 넘볼 수 없는 국가였다.

## 완전히 몰락한 카르타고

2차 포에니전쟁 이후 로마의 여러 탄압과 제약에도 불구하고 카르타고는 여전히 부를 누리고 있었다. 해군의 해체와 패전에 대한 책임 문제로 정치적으로는 불안정했지만 강력한 로마제국의 울타리 안에 편입된 덕분에 해상무역을 하는 데 있어서는 더 안전해졌기 때문이다. 카르타고는 그동안 축적된 해상무역 시스템을 활용한 중계무역을 통해 옛 영광을 회복하고자 했다. 더군다나 로마보다 앞서 있던 농업기술과 관개수로 덕분에 농업생산력도 충분해 예전과 같은 풍족함까지는 아니더라도 부족함은 없었다. 비록 2차 포에니전쟁에서 패했지만, 카르타고는 여전히 지중해에서 부유한 도시였다.

이러한 상황에서 카르타고의 인접국 누미디아는 영토를 넓히고자 국지전을 벌이며 카르타고를 자극했다. 포에니전쟁을 치르면서 카르타고와 누미디아의 역학 관계는 완전히 역전되었다. 카르타고는 로마에 패한 패전국이었지만 누미디아는 승전국 로마의 동맹국이었다. 이것이 카르타고가 군사적인 행동을 할 수 있게 해달라고 로마에 요청하지만 원로원이 허락하지 않은 이유이기도 했다. 돌아가는 상황을 알았음에도 앉아서 당해야만 했던 카르타고 시민들의 불만은 점점 커졌다. 더이상의 피해를 두고 볼 수 없었던 카르타고는 대규모 용병을 모집해 맞서 싸웠지만 누미디아에 패하고 말았다. 누미디아는 이 사실을 로마에 알렸다. 소식을 들은 로마의 원로원은 그 즉시 자신들의 허락 없이 군사적 행동을 한 카르타고에 선전포고를 했다.

카르타고의 온건파는 전쟁을 막기 위해 시민들을 설득하고 로마에 사절단을 보내 전쟁을 일으킨 것에 대한 사과와 강화조약 준수를 약속했다. 그러나 로마 내 온건파의 정치적 입지가 약해져 소수로 전락한 뒤였다. 로마의 강경파는 사절단에게 카르타고의 모든 것을 파괴하고 모든 카르타고인을 해안에서 약 15킬로미터 떨어진 내륙으로 이주시킨다는 조건을 받아들인다면 선전포고를 철회하겠다는 내용을 내놓았다. 이 소식이 카르타고에 전해지자 카르타고 시민들은 분개했다. 결국 카르타고인들은 결사 항전을 선택했다. 용병을 고용할 재원이 없었던 카르타고는 시민들이 뭉쳐 3년이라는 시간을 버텨냈다. 하지만 로마가 본토에서 병력을 계속 보내면서 더 이상 그들을 막아내기에는 역부족이었다. 끝까지 항전했지만 결국 카르타고는 철저히 파괴되었고 시민들은 노예로 전락했다.

카르타고의 모든 것이 로마의 것이 되었다. 물질적인 것을 넘어 카르타고가 해상무역으로 익힌 항해술, 조선술은 물론 로마보다 앞섰던 농업기술까지 부를 만들어냈던 다양한 분야의 모든 지식이 로마의 소유가 되었다. 이때 관개수로로 농사짓는 법과 포도 농사법이 로마로 전해졌다. 덕분에 로마인들은 버려졌던 땅에 물길을 내어 농지의 수를 확대하고 식량자원을 늘릴 수 있었다. 또한 당시 세계 최고 수준이었던 포도 재배법을 손에 넣은 덕분에 고품질의 포도는 물론 최고급의 포도주까지 생산할 수 있게 되었다. 이후 이탈리아를 중심으로 로마의 치세가 이루어지던 여러 지역에 새로운 포도 농사법이 전파되었고 기후의 영향으로 재배가 힘든 곳을 제외한 거의 모든 지역에 포도 재배가 가능해졌다. 이는 온 유럽에 포도주 문화가 퍼져 자리를 잡는 계기가 되었다.

카르타고의 패배는 단순히 한 나라가 사라졌다는 것에 그치지 않았다. 지중해 무역으로 이룩했던 페니키아의 찬란했던 문명, 카르타고를 통해 이어져오던 그 문명의 흔적이 역사 속으로 사라지는 것을 의미했다.

# 세계 최초의 자유무역지대, 한자동맹의 탄생

## 한자동맹은 어떻게 유럽의 상권을 차지했을까?

남유럽이 아시아와 북아프리카를 연결하는 지중해를 끼고 있다면 북유럽은 스칸디나비아반도와 동유럽과 영국을 연결하는 발트해, 북해를 끼고 있다. 모두 주변 지역을 연결해주는 바다가 교역로 역할을 해왔지만 발전 과정은 저마다 전혀 달랐다.

　　지중해는 로마제국이 중흥하면서 성장을 같이했지만 서로마가 멸망한 뒤 발생한 힘의 공백으로 새로운 국면을 맞이했다. 게르만족이 건립한 국가들과 이슬람제국의 대립 속에서 지중해는 더 이상 문명과 패권으로 통제할 수 있는 바다가 아닌 서로가 상대를 이교도라 칭하며 갈등이 부딪히는 곳이었다.

그 반면에 발트해와 북해는 통합의 바다로 거듭났다. 이 바다에 여러 나라가 인접해 있었는데 이 나라들은 공동의 목표를 위해 역내 자유무역이라는 기치를 내걸었다. 그리고 그 목표를 달성하기 위해 힘을 합쳤고 마침내 세계 최초의 자유무역지대로 알려진 한자동맹을 만들어냈다.

한자동맹이 언제 결성되었는지는 명확하게 알 수 없지만 문헌에는 1267년경에 처음 등장한다. 귀족이나 왕 들의 정치적 연합체가 아닌 상공업에 종사하는 이들이 공동의 이익을 위해 주도적으로 만든 공동체였다는 점에서 기존의 많은 조약이나 동맹과는 성격이 달랐다.

한자동맹의 시발점이라고 알려진 독일의 항구도시 뤼베크를 중심으로 한자동맹은 서쪽으로는 영국의 런던, 동쪽으로는 폴란드의 그단스크, 러시아의 노브고로드까지 이어져 있었다. 이 사이에 오늘날에는 유명하지만 고대 로마시대에는 변방이었던 에스토니아의 탈린, 라트비아의 리가, 스웨덴의 스톡홀름, 벨기에의 브루게 등이 자리하고 있었다. 크게는 뤼베크를 중심으로 벤트, 베스트팔렌, 작센, 프로이센의 4개 지역으로 구분되었다.

그 외에도 기록에 따른 차이가 있지만 한자동맹은 초

〈한자동맹〉 　한자동맹의 중심지였던 함부르크의 정식 명칭은 '함부르크 자유 한자시'다. 이 도시는 영국과 오랫동안 역사적 관계를 맺어 왔다. '한자Hanse'라는 명칭도 함부르크가 1266년 영국의 헨리 3세와 맺은 계약서에서 처음으로 사용한 것이다. 1241년에 뤼베크와 함부르크가 체결한 동맹이 한자동맹의 시작점이라고 알려져 있다. 이 때까지만 하더라도 이들의 동맹이 17세기까지 이어지며 북유럽은 물론 선 유럽의 경제와 금융, 성지석인 분야까지 영향을 끼치리라는 것은 아무도 예상하지 못했다.

기에는 50여 개의 도시가 참여했고, 전성기 때에는 최대 10여 개국 약 200개의 크고 작은 도시가 참여하며 400여 년간 해상과 육상을 통한 무역으로 북유럽과 동유럽이 성장하는 데 기여했다. 이때 한자동맹에 가입한 도시들은 성장을 거듭하며 오늘날까지 명성을 이어오고 있다.

한자동맹은 순식간에 발트해와 북해 일대를 장악했다. 앞서 이야기한 것처럼 한자동맹은 상인의 이익을 보호하기 위해서 결성되었다. 즉 한자동맹은 유럽에서 끊임없이 발생한 수많은 전쟁과 약탈 속에서도 회원 국가와 도시의 상공인들의 안전을 도모하고 무역로를 확보해 상거래를 통한 이익을 극대화하기 위해 만들어진 조직이었다. 그들에게는 오로지 거래를 통한 이익, 그것이 최우선이었다.

한자동맹은 계급과 권위를 중요하게 생각하지 않았다. 구축된 네트워크를 통해 자유로우면서도 상호 신뢰와 협력 관계를 유지하는 데 중점을 두었다. 중요한 안건 등은 각 도시의 대표로 참석한 상공인들이 모여 결정했다. 한자동맹에 가입한 도시 간에는 관세를 매기지 않는다는 규정이 있었다. 이 규정은 철저하게 지켜졌고 어길 시에는 동맹에서 배제되는 불이익을 당했다. 성장기에는 동맹도시 간에 구축된 신뢰관계를 매우 중요하게 여겼다. 그 덕분에 정세가 혼란해질수록 안전을 보장

받는 것 이외에도 재화의 유동성을 확보하기 위해 동맹에 가입하려는 국가와 도시의 수도 증가하면서 한자동맹의 활동 반경이 점차 확대되었다.

한자동맹의 기본 틀은 자유무역이다. 오늘날 유럽연합(EU, European Union)이나 환태평양경제동반자협정(TPP, Trans Pacific Partnership), 역내포괄적경제동반자협정(RCEP, Regional Comprehensive Economic Partnership)처럼 가입국끼리는 관세나 기타 제도적인 규제를 받지 않는 자유무역을 하자는 것이다. 동맹에 참여한 도시들 간에는 상공인들이 만든 물품이나 영국의 양모와 모직, 플랑드르의 모직이나 천, 베스트팔렌의 금속 제품, 라인강 유역과 프랑스의 포도주, 노르웨이의 생선을 비롯해 라트비아와 루스족의 목재, 석회, 꿀, 모피, 밀랍, 소금 등 다양한 품목이 거래되었다.

한자동맹은 결성 초기에는 영향력이 크지 않았지만 군사력까지 보유하면서 거대한 이익단체로 성장했다. 특히 해군력을 증강하면서 활개를 치던 사략선이나 해적들에게 동맹의 상선이 피해를 입는 일도 줄어들었다. 한 국가를 상대할 정도로 한자동맹의 영향력이 확대되면서 동맹의 위세는 북유럽을 넘어 전 유럽에 알려졌다.

한자동맹이 추구한 것은 중세를 지배한 가톨릭의 교리

나 왕과 귀족 간의 권력이나 영지의 소유권을 두고 따지는 다툼이 아니었다. 오로지 경제적 이익에만 충실했다. 이념과 종교를 따지지도 강요하지도 않았다. 오히려 종교와 권력이 동맹을 억압하려고 하면 상인들이 뭉쳐서 이를 버텨내고 이겨냈다. 동맹을 위한 협상이 진전되지 않을 경우에는 전쟁까지 불사하며 공정한 거래와 자유를 지키기 위해 노력했다.

이를 잘 보여주는 사례로는 1370년 3월 24일 독일의 슈트랄준트에서 맺은 평화조약이 있다. 패전국이었던 덴마크는 당시 북유럽의 강국 중 하나였다. 승자는 프랑스나 영국 같은 강대국도, 특정 지역의 유력 귀족도 아닌 상인들의 협력체인 한자동맹이었다. 이 조약으로 한자동맹은 발트해에 대한 경제적 지배권을 넘겨받은 것은 물론 전쟁배상금도 받았다. 이로써 발트해에서의 자유로운 어업 활동과 무역 활동을 보장받게 된 것이다. 덴마크는 패배를 넘어 한자동맹에게 전략적 주요 요충지를 넘기는 굴욕까지 당했다.

14세기 초에 발생한 비스마어와 메클렌부르크의 갈등은 전쟁으로 이어졌다. 비스마어를 중심으로 한 한자동맹이 메클렌부르크를 중심으로 한 신성로마제국의 북부 영주들과 덴마크 연합에 대항해 독립을 쟁취하려는 움직임이 계속되면서 전쟁으로 번진 것이다. 전쟁 중이던 1316년 슈트랄준트가 이 지역의 주도권을 잡으며 가장 강력한 도시로 자리매김했다. 이 때부터 한자동맹의 전성기가 시작되었다. 1367년, 한자동맹과 네덜란드 도시들이 힘을 합친 쾰른 연방과 덴마크왕국 의회의 협상은 결국 평화협정을 맺는 것으로 마무리되었다. 강대국 덴마크를 상대로 한 한자동맹의 승리는 유럽에서 힘의 균형이 이루어지는 하나의 계기가 되었다. 더불어 한자동맹의 정치적 입지와 역할의 중요성도 강화되었다.

1426년, 한자동맹과 덴마크는 또 한번 충돌했다. 덴마크의 에리크Erik 왕이 코펜하겐 인근 외레순해협을 지나는 외국 국적의 배에 높은 관세를 부과하자 한자동맹은 전쟁도 불사하며 저항했고 결과적으로 승리를 거머쥐었다. 이후 한자동맹의 영향력은 더욱 커졌고 북유럽 국가와 도시들이 재화를 얻을 수 있도록 도와주는 창구 역할을 했다. 한자동맹은 독점적 지위를 공고히 하기 위해 영국을 비롯한 벨기에, 북동부에 있는 스웨덴과 러시아에 상관商館을 설치하고 자유로운 무역을 위한 관계를 이어갔다. 그러던 중 런던의 상관 문제로 영국과 무력 충돌을 하지만 한자동맹이 승리를 거두면서 다시 한번 위상을 드높였다.

# 한자동맹의 쇠퇴

◆◆◆◆

1470년대에 접어들면서 네덜란드와 영국이 두각을 드러내기 시작했다. 대항해시대가 도래한 덕분이었다. 무역의 주 무대도 발트해와 북해에서 대서양으로 옮겨가고 있었다. 상거래 빈도가 줄어들면서 한자동맹의 힘은 점점 약화되기 시작했다. 스톡피시로 알려진 청어를 통해 자본을 축적한 네덜란드에서는 상인이 아니더라도 누구나 투자에 참여해 수익을 나눌 수 있는 세계 최초의 주식회사인 동인도회사가 설립되었다. 또 대항해시대가 열리면서 신대륙과 아시아에서 교역한 재화의 거래가 활성화되면서 부도 따라서 움직였다. 이에 이익을 좇는 상인들이 하나둘 한자동맹을 이탈하면서 위기를 맞게 된다. 게다가 분야별로 한자동맹의 성공적인 시스템을 적용한 유사한 조합이 생겨났다. 결국 시간이 갈수록 회원들의 이탈이 계속되면서 한자동맹의 위세는 점점 떨어졌다.

더군다나 자유무역의 원칙도 조금씩 흔들렸다. 처음에는 모두의 손을 잡아주며 신뢰와 자유를 기반으로 한 공정한 거래를 추구했지만 동맹의 위세가 강해질수록 상권을 배타적으로 독점하려 했다. 신진 세력이었던 한자동맹은 어느새 봉건 왕조와 봉건영주들 못지않은 기득권 세력이 되어 있었다. 한자동맹은 회원이 아닌 선주 소유의 상선은 이용하지 못하도록 했다. 또한 기존의 선주들은 자신의 이익이 침해당할까 두려워 신규 선주의 가입을 방해하기도 했다. 이러한 배타성은 동맹에 속한 도시에서 태어나야만 회원이 될 수 있을 정도로 변질되었다. 이 때문에 기성 상인과 신규 상인 간의 부의 격차는 확대되었고 불필요한 긴장과 갈등을 불러왔다. 한자동맹은 어느새 권위와 특권 유지를 위한 카르텔로 변질되었다. 결국 1669년 '한자의 날'을 맞아 뤼베크에 모인 아홉 명의 대표단이 별다른 성과 없이 헤어진 후 동맹은 더 이상 이어지지 못하고 역사 속으로 사라졌다.

비록 한자동맹은 유명무실해졌지만 주요 거점이었던 독일의 뤼베크, 함부르크, 브레멘 세 도시는 1806년까지도 도시국가로 명맥을 유지했다. 그리고 이 도시들은 독일이 통일제국을 수립해가는 과정에서도 활약했다. 도시에 축적된 자본과 경험은 독일의 다른 지역들이 산업화하는 데 중요한 밑거름을 제공했다.

또한 한자동맹이라는 체제 위에서 북유럽의 여러 국가와 도시는 막대한 부를 축적했고, 한자동맹의 중심지였던 주요 지역은 이를 바탕으로 중세에서 근대로 넘어가는 과도기에 비약적인 경제 발전을 이루었다.

역사를 통해 한자동맹을 경험한 유럽 국가들은 훗날 유럽석탄철강공동체(ECSC, European Coal and Steel Community)를 발족하고, 더 나아가 유럽을 단일시장으로 형성하기 위해 유럽경제공동체(EEC, European Economic Community)를 결성했다. 그 외에도 에너지와 관련한 공동시장, 핵 원료와 에너지 사용에 관련한 유럽원자력공동체(EURATOM, European Atomic Energy Community)와 이를 총괄하는 유럽공동체(EC, European Communities)를 구성했다. 1967년에 설립된 유럽공동체는 1994년에 유럽연합으로 이름을 바꾸었다. 2022년 기준으로 가입국은 28개국이며, 경제통합의 성과를 넘어 정치적 통합까지 실현하는 것을 목표로 하고 있다.

# 시장의 탄생

## 정기시의 등장

오늘날에는 물건을 구입하기 위해 대형마트나 시장에 가는 일이 당연하다. 인구가 적은 시골의 경우에는 5일장이나 7일장이 선다. 시장은 제조업, 무역 같은 재화의 생산이나 교역이 발생하기 위한 주춧돌 역할을 하기 때문에 상공업이 발전하는 데 큰 도움을 준다. 재화는 생산도 중요하지만 소비가 이루어져야만 이익을 얻고 이를 기반으로 생산을 계속할 수 있기 때문이다.

고대 그리스에서도 아고라와 같은 광장에 사람들이 자주 모이면서 자연스럽게 시장이 형성되었다. 특히 따가운 햇살을 피해 그늘을 찾던 사람들이 스토아로 모여들자 상인들이 스토아에 자리를 잡고 재화를 상거래한 것으로 유명하다. 이렇듯 상공업의 발전을 위해서는 소비를 위한 시장 형성은 필수적인 요소다.

중세시대에 들어 지역들 간의 교역이 증가하기 시작하면서 시장의 중요성이 점차 대두되었다. 여러 나라들이 시장을 열었지만 그중에서 가장 중요한 곳은 오늘날 샴페인의 도시로 유명한 샹파뉴였다. 12~14세기에 걸쳐 이곳으로 이동하는 인구가 늘어나고 도시가 성장함에 따라 상거래는 더욱 활성화되었다. 그러다 보니 이 지역에서는 매년 일정 기간에 정기적으로 시장이 열렸는데, 이를 '정기시'라고 한다.

다른 지역과 다르게 샹파뉴는 백작이 다스리는 백국이었음에도 샹파뉴 백작은 프랑스 왕 앙리 2세Henry Ⅱ의 지원 아래 탁월한 통치력을 발휘하면서 정치적인 영향력을 행사했다. 이를테면 상인들의 신체와 재산의 안전을 보장하기 위해 1174년부터 시장의 감독관들을 자체적으로 임명했다. 그리고 이들이 치안과 행정의 일부를 책임질 수 있도록 병력과 행정력을 지원하고 사법권까지 부여해 분쟁을 조정하도록 했다.

샹파뉴는 1년간 여러 마을이 돌아가며 정기시를 열었다. 마을만 달라졌을 뿐이기에 도시 전체로 본다면 사실상 상

——————— 레오 폰 클렌체, 〈고대 그리스의 아고라〉, 1846년    잉여생산물을 교
환하려는 사람들이 모이면서 '시장'이 형성되었다. 고대 그리스 아테
네의 경제 중심지는 아고라였다. '물건을 사다', '시장에 나오다'라는
뜻의 그리스어 '아고라조agorazo'에서 유래한 아고라는 마름모형의
열린 공간이었다. 이곳에 크고 작은 가게들이 들어섰고 사람들이 상
업 활동을 하며 자연스럽게 시장이 형성되었다.

설 시장이 운영되었던 셈이다. 새해 1월 2일이 되면 라니에서 시장을 여는 것을 시작으로, 3~4월에는 바르쉬르오브에서, 5월에는 프로뱅에서 45일간, 트루아에서는 6월 말이나 7월 첫 주에 여름 정기시가 열려 9월 14일까지, 9~10월에는 다시 프로뱅에서, 11월이 되면 12월 중순까지 트루아에서 겨울 정기시가 열렸다. 중간중간에 가톨릭 축일 때문에 변동이 있었지만 대체적으로 정기시가 한 번 열리면 6주에서 2개월 정도 이어졌다.

한편 중세 유럽은 나라별로 사용하는 화폐의 단위와 무게가 서로 달랐다. 그러다 보니 상거래를 위해서는 화폐를 교환해야 했다. 그러한 일을 전문적으로 처리하기 위해 환전소가 생겨났다. 구입하는 물건의 양이 적을 경우에는 물물교환도 가능했지만 대규모로 물건을 거래할 때에는 현금결제를 해야 했기 때문에 교역량이 많을수록 많은 양의 금이나 은이 필요했다. 그래서 이탈리아 상인들은 금화와 은화를 지고 알프스산맥을 넘어야 했는데 이 자체만으로도 상당한 위험을 초래했다. 이러한 문제를 해결하기 위해 무거운 현금 대신 환어음을 사용하면서 환거래가 시작되었다. 무역이 시작되었던 12세기가 지나 13세기 중엽에 접어들면서 거래의 편의성으로 인해 환어음과 환거래가 많아졌다. 그러면서 신용과 환전에 관련된 업무의

──────── 〈샹파뉴 정기시〉    시장에 온 듯한 착각을 불러일으킬 정도로 생동감
이 넘치는 그림이다. 샹파뉴의 정기시는 도시와 국가 간의 무역뿐만
아니라 일반 사람들도 물건을 사고팔 수 있는 장소를 만들어냈다는
점에서 경제사적으로 매우 중요하다. 정기적인 시장이 만들어지면
서 안정적인 공급과 소비가 이루어질 수 있는 환경이 조성되었으며,
이는 시장경제로 한걸음 더 나아가는 데 도움이 되었다. 또한 시장이
형성됨으로써 소비자들이 직접 눈으로 보고 물건을 고를 수 있게 되
었다.

중요도가 높아지기 시작했다. 그 결과 샹파뉴는 무역뿐 아니라 환거래의 중심지로도 알려지게 되었다. 그로 인해 정기시의 성격도 변화했는데, 단순히 물건만 거래하는 곳이 아니라 환의 교환이나 자금의 융통 같은 자금시장의 성격까지 띠게 되었다. 시대가 요구하는 바를 누구보다 빠르게 알아차린 샹파뉴 백작의 안목으로 샹파뉴를 중심으로 한 상거래는 14세기까지 이어졌고, 그 덕분에 샹파뉴는 전성기를 구가하며 부를 쌓을 수 있게 되었다.

샹파뉴 정기시는 오랜 시간 많은 이가 생계를 이어가고 부를 쌓을 수 있는 기회의 장이었다. 물론 샹파뉴도 정기시를 통해 재화가 모이고 거래가 활발해지면서 부가가치를 창출할 수 있었다. 샹파뉴의 이름이 온 유럽에 알려지면서 인구 유입이 늘어났고 그로 인해 발생하는 조세의 규모도 커졌다.

하지만 시간이 지나면서 조선술과 항해술의 발달로 새로운 교역로가 개척되었다. 또한 새로운 프랑스 왕이 상파뉴에서 이루어지는 무역 거래에 대해 중과세를 부과하고 이탈리아 상인들의 활동을 제한하는 등 정세적인 변화까지 찾아오면서 상파뉴를 찾는 상인들의 수가 줄어들어 시장은 쇠퇴했다.

# 베네치아는 어떻게
# 부자가 되었을까?

## 십자군전쟁의 빛과 그림자

유럽의 여러 나라가 대서양으로 진출을 시도하기 전까지 대부분의 무역과 사람의 왕래는 지중해와 발트해, 북해를 중심으로 이루어졌다. 특히 물자의 수출과 수입이 지중해를 통해서 시작되고 마무리되었다. 지중해 연안의 여러 도시와 나라가 무역을 했지만 그중에서도 아드리아해를 중심으로 두각을 나타낸 곳이 있었다. 한국사에서 청해진(완도)을 중심으로 해상 왕국이 건설되었다면, 유럽사에서 해상 왕국으로서의 위용을 자랑한 곳은 베네치아였다.

로마제국으로부터 자치권을 인정받은 베네치아는 697년부터 투표로 선출된 도제가 다스리는 공화정 체제로 운영되었다. 로마의 시작이 그랬듯이 베네치아도 원래는 조그마한 어촌이었다. 그래서 건물을 지으려면 바닥부터 다져야 했기에 산에서 벌채한 나무로 길고 굵은 기둥을 만들어 갯벌에 박았다. 이런 방식으로 바닥을 다지고 그 위에 건물을 세워 도시를 건설했다.

여러 이유로 지중해 무역이 활기를 띠면서 베네치아 상인들의 활동 무대도 넓어졌다. 당시 베네치아는 배를 직접 건조할 수 있을 정도로 조선업이 발달한 곳이었다. 베네치아 상인들은 많은 화물을 운반하기 위해서 건조된 배를 타고 지중해를 누비며 무역을 이끌었다. 운반하는 화물량의 증가는 무역량의 증가라고 할 수 있다. 화물운임과 중계무역을 통해서 얻는 이익이 쌓이면서 부가 커지는 속도도 빨라졌다.

베네치아의 해운업이나 조선업은 상인들이 아닌 베네치아공화정에 의해 직접 운영되었다. 아라비아 상인들이 페르시아만으로 이동하거나 아덴만을 통과하는 홍해에서 육로를 거쳐 베이루트와 알렉산드리아까지 무역 물품을 가져오면 두 지역을 정기적으로 오가던 상선이 베네치아로 운송했다. 항구에는 베네치아공화정이 운영하던 조선소가 있었다. 이곳에 상주 노동자들이 있어 전투와 운송에 사용되던 갤리선이 더 필요할 때에는 언제든지 충분한 수량을 생산할 수 있었다.

베네치아는 콘스탄티노폴리스와 무역을 하며 큰돈을 벌었다. 비잔틴제국의 황제는 베네치아와 경쟁 관계에 있던 제노바나 피사를 이용해 가격경쟁을 부추겨 이익을 취하기도 했다. 그 과정에서 베네치아와 비잔틴제국의 사이에 신뢰가 조금씩 약해지면서 잠시 소원해지기도 했다.

반전은 십자군전쟁이 일어나면서부터였다. 교황은 십자군을 동원하는 과정에서 육로로 병력과 군수물자 등을 이동시키는 일이 얼마나 힘든 것인지 알았기에 베네치아로 사람을 보내 해로를 통해 군수물자와 병력 등을 운송할 수 있는지 물었다. 베네치아는 십자군을 실어 나르기 위한 배를 건조하고 원정에 필요한 돈을 빌려주고 해군력을 제공하는 조건으로 동지중해 지역과 직접 교역할 수 있는 특권을 얻었다. 필요한 배가 많아짐에 따라 여러 척의 배를 만들기 시작하면서 기술자의 숙련도가 높아졌다. 이로 인해 베네치아의 조선업이 비약적으로 발전하고 기술의 향상으로 배의 크기도 점점 커졌다. 한 번 항해할 때 많은 군수물자와 병력을 수송해야 했기 때문에 해운업도 동반 성장했다.

4차 십자군은 성지인 예루살렘을 탈환하기에 앞서 이슬람 세력의 주요 지역 중 하나였던 알렉산드리아를 점령하기로 결정했다. 당시 원정군을 운송할 수 있는 대규모 선단을 꾸릴 수 있는 곳은 베네치아가 유일했다. 하지만 베네치아는 십자군이 약속한 비용을 준비하지 못하자 수송을 거부했다. 난감해진 십자군에게 베네치아가 은밀한 제안을 해왔다. 헝가리에 빼앗긴 차라를 공격해 자신들에게 돌려달라는 것이었다. 십자군은 같은 기독교 세력을 공격하는 일이 내키지 않았지만 돈이 없었기에 선택의 여지가 없었다. 십자군은 베네치아의 제안대로 차라를 공격해 수복하지만 교황의 분노를 사게 된다. 교황은 차라 공격에 참여한 십자군과 이를 의뢰한 베네치아까지 모두를 파문했다. 이러한 예기치 못한 상황을 맞이한 베네치아와 십자군에게 비잔틴의 정치적 변화는 의외의 변수를 만들어냈다.

형인 알렉시오스 3세Alexios III에 의해 비잔틴제국의 황제 자리에서 쫓겨나고 감옥에 갇힌 이사키오스 2세Isaac II의 아들인 알렉시오스 4세Alexios IV가 탈출해 베네치아에 도착했다. 황위를 되찾고 싶었던 그는 십자군에게 도움을 요청하며 막대한 보상을 약속했다. 이미 파문을 당한 십자군에게 종교적인 명분보다는 금전적 실리가 중요했다. 베네치아는 십자군을 콘스탄티노폴리스로 이동시켜주는 대가로 전리품에 대한 막대한 지분을 요구했다. 모두의 이익이 맞아떨어지자 4차 십자군은 알렉산드리아도 예루살렘도 아닌 콘스탄티노폴리스로 향했다. 십자군이 보호하려고 했던 비잔틴제국의 수도를 점령하기 위해 출발한 것이다. 역사의 아이러니란 이런 것일까? 결국 이들의 도움으로 알렉시오스 4세는 공동 황제로 추대되었다.

목적을 달성하면서 문제가 시작되었다. 알렉시오스 4세는 막대한 보상금을 약속했지만 국고가 바닥나 있었다. 이미 백성들의 이탈로 세금을 징수하기에는 버거운 상황이었고 크고 작은 반란이 계속되면서 간신히 명맥만 유지하던 비잔틴제국이었다. 그럼에도 십자군에게 약속한 돈을 주기 위해서는 과중한 세금 징수밖에 답이 없었다. 결국 십자군과의 굴욕적인 계약 관계가 알려지고 부당한 세금 징수에 대한 민중의 불만이 폭발하면서 원로원과 성직자들은 알렉시오스 4세를 폐위시켰다. 그리고 새로이 황제가 된 알렉시오스 5세Alexios V는 십자군에게 비잔틴을 떠날 것과 알렉시오스 4세가 했던 보상에 대한 약속을 폐기하겠다고 선언했다.

이에 십자군과 베네치아는 손해를 보전할 방법을 강구하다가 콘스탄티노폴리스를 약탈하기로 한다. 이미 점령해본 경험이 있던 이들에게 콘스탄티노폴리스를 다시 점령하는 것은 어려운 일이 아니었다. 1204년 4월 9일, 십자군은 콘스탄티노폴리스에 총공세를 시작했다. 오랜 세월 유목민과 이슬람을 비롯해 수많은 침략에도 점령된 적 없는 난공불락의 요새

──────── 자코모 팔마 일 지오바네, 〈십자군의 콘스탄티노폴리스 포위〉, 1587년경

4차 십자군은 돈 앞에서 인간이 얼마나 추악해질 수 있는지를 가장 잘 보여주는 사건 중의 하나다. 성지 탈환을 위해 이슬람의 전략적 요충지인 이집트를 공략하려고 했던 십자군은 사탄으로 돌변해 동방무역의 이익을 노리는 베네치아와 손을 잡고 비잔틴제국의 수도로 쳐들어가 약탈을 자행하는 만행을 저질렀다. 이로 인해 성지 탈환이라는 명분을 상실했고, 가톨릭 세계와 이슬람 세계 사이에서 완충지대 역할을 해왔던 비잔틴이 힘을 잃음으로써 두 세계 간의 직접적인 충돌을 막을 수 없게 되었다. 한편 이 원정에서 가장 이득을 본 베네치아는 지중해 무역을 독점하면서 막대한 돈을 벌어들였다.

콘스탄티노폴리스는 한때는 같은 편이었던 베네치아와 이들과 같은 배를 탄 십자군에게 함락당하게 된다. 콘스탄티노폴리스를 점령한 베네치아와 십자군은 자신들의 주머니를 채우기 위해 닥치는 대로 약탈했다. 이 과정에서 고대 그리스와 로마시대의 유물과 유적이 불타거나 파괴되었다. 또한 서로마제국이 멸망한 뒤 로마제국의 정통성을 이어받은 비잔틴은 제국으로서의 위상이 추락하게 된다.

돈 앞에서 십자군은 한없이 악랄해졌다. 성안에 살던 죄 없는 수많은 이들을 향해 무자비하게 창칼을 꽂았다. 십자군과 더불어 베네치아 상인들은 약탈을 통해 금전적 손해를 보지는 않았겠지만 인간으로서의 존엄성은 포기한 셈이었다.

4차 십자군의 만행은 유럽에 널리 알려졌다. 십자군은 이제 이슬람 세력 못지않게 응징해야 할 대상일 뿐이었다. 비잔틴제국 곳곳에 있던 육군 병력과 알렉시오스 3세를 지지하던 비잔틴의 주요 인사들은 공적公敵이 되어버린 십자군을 물리치기 위해 대립 관계에 있던 불가리아군까지 끌어들여 연합 전력을 구축한 뒤 십자군을 사실상 궤멸시켰다.

최초의 십자군은 유럽의 방파제였던 비잔틴을 구하고 기독교의 이념을 지키고 따르는 이들을 보호하기 위해 시작되었지만 금전적 이익을 추구하면서 변질되었고 끝내 파문당한 뒤 공공의 적으로 낙인찍혀 먼 이국땅에서 씁쓸한 최후를 맞이했다. 4차 십자군전쟁에서 최대의 이익을 얻은 것은 베네치아였다. 에게해 주변의 섬들을 차지하고 해상 교역권을 장악하며 막대한 이익을 쌓았다.

베네치아는 이후에도 군수물자를 수송하기 위한 항로를 개척하면서 키프로스와의 교역도 많이 늘어나게 된다. 전쟁으로 물자 수송이 활기를 띠자, 물자 확보를 위해 플랑드르를 비롯한 다양한 상업지와 농업 생산지를 연결하는 중계무역이 활발해졌다. 사람과 물자의 이동이 많을수록 해운업은 많은 이윤을 남겼다. 항구를 중심으로 한 거래량이 많아지면서 이슬람으로 가기 위한 사람과 물자가 베네치아로 모였듯이 유럽의 돈도 베네치아로 모여들었다. 베네치아는 이 과정에서 발생한 마진으로 새로운 항로와 무역 지대를 개척하는 비용으로 사용했다. 또한 이슬람과의 무역을 통해 이슬람문화가 유입되었는데 이를 활용하면서 유럽의 과학도 비약적으로 발전했다.

## 채권의 탄생

베네치아와 제노바는 활동 반경이 비슷해 서로 간의 이익충돌이 불가피했다. 제노바는 베네치아를 견제하려고 125년간 네 차례나 전쟁을 벌였지만 베네치아의 번영을 가로막기에는 역부족이었다.

베네치아는 아시아에서 들여온 이국적인 물건을 사기 위해 유럽 여러 지역에서 모여든 상인들로 발 디딜 틈이 없었다. 오가는 돈의 액수가 큰 것도 문제였지만 지역에 따라 화폐가 다른 것이 더 큰 문제였다. 화폐가 다르다는 것은 가치도 다르다는 것을 의미한다. 그러다 보니 당연하게도 베네치아에서는 환전이나 어음 관련 금융업이 발달하기 시작했다. 교역의 중심지가 된 베네치아를 통해 오가는 많은 물자가 주인을 찾아 움직이면서 금융업까지 발달하게 된 베네치아는 지중해의 풍요로운 도시로 거듭날 수 있었다.

주변 도시와 국가들로부터 시기와 질투를 받을 정도로 베네치아가 성장할 수 있었던 것은 자본의 집중을 경계하는 사회적 분위기 덕분이었다. 종신 임기로 선출된 도제라 할지라도 뇌물을 받으면 엄벌에 처했다. 청렴도가 올라가면서 대외적인 국가신용도는 높아졌고 국가가 거둔 이익은 독점이 아니라 분배되었다. 시민들의 소득이 증대되자 소비도 늘어났고 재화를 거래하는 무역도 활발해졌다. 미래에 대한 거시적인 안목으로 경제를 예견할 수 있게 되자 자연스럽게 금융 기법이 발달하게

〈15세기경 베네치아의 은행〉　여러 도시국가의 상인들이 재화를 구입하기 위해 지중해 무역의 중심지인 베네치아로 몰려들었다. 상인들은 서로 다른 통화를 사용했기 때문에 거래하는 데 어려움을 느꼈다. 이에 베네치아에서는 자연스럽게 환전업이 발달했다. 또한 금속으로 된 화폐를 휴대하고 다니는 데 불편함을 느끼는 상인들을 위해 일정 금액의 수수료를 받은 뒤 금화나 은화를 은행에서 보관해주고 보관증 형태의 환어음을 발행했다. 이는 오늘날의 수표나 수시입출금통장, 신용카드 같은 형태로 발전했다.

되었다. 이런 환경에서 베네치아는 '채권'이라는 금융상품을 만들어내게 된다. '빚'의 일종인 '국채'를 발행한 돈으로 나라의 부족한 예산을 채워놓고자 했다. 미래에 발생할 이익을 미리 당겨쓰는 형식이다.

베네치아는 '프레스티티prestiti'라는 국채를 세계 최초로 발행하고 투자자들에게 받은 돈을 모아 무역이나 전쟁 비용 등으로 충당했다. 채권이 일반화되면서 일반 시민들에게서 예금을 받거나 전당포 업무를 보던 은행은 신용대출과 담보대출에 관한 업무까지 하게 되었다. 더불어 베네치아의 유력 가문은 은행을 통해 돈을 관리하며 여러 사업에 투자를 했다. 물론 은행은 시민들의 돈을 위탁 관리하며 수수료를 받아 이익을 챙겼고 몸집을 불렸다.

지중해의 상권을 두고 베네치아와 경쟁하던 제노바가 1214년 연 이자율 7퍼센트짜리 채권을 발행했다는 기록이 남아 있다. 모든 면에서 경쟁하던 두 나라였으니 베네치아도 비슷한 금리의 채권을 발행했을 가능성이 크다.

베네치아는 제노바와 여러 차례 맞붙은 경쟁에서 이기고 지기를 반복하다가 외교적인 수완을 발휘하거나 로비를 통해 지중해 무역의 패자로 우뚝 섰다.

# 페스트의
# 창궐

## 페스트로 노동력의 가치가 올라가다

한때 유럽 사회를 붕괴 직전까지 몰고 갔던 페스트는 1894년 프랑스의 세균학자이자 의사인 알렉상드르 예르생Alexandre Yersin에 의해 그 원인이 밝혀졌다. 예르생은 쥐벼룩이 페스트 균을 옮기면서 사람들에게 전염되었다고 주장했다.

인류 최악의 전염병인 페스트는 크게 세 번에 걸쳐 대유행을 일으켰다. 1차 대유행은 고대 로마시대였는데 당시에도 많은 사상자를 낳았지만, 가장 많은 사상자가 나온 것은 1346년부터 1353년까지 있었던 2차 대유행 때였다. 이 시기에는 마땅한 치료법도 없었을 뿐만 아니라 인구 증가와 도시화의 영향으로 인구밀도가 높았던 탓에 전파력도 강해 사망자가 속출하는 등 피해가 엄청났다. 기록에 따라 많은 차이가 있지만 당시 유럽 인구의 30~60퍼센트가 사망했다고 한다. 교황 클레멘스 6세Clemens VI는 페스트로 사망한 사람이 2,400만 여 명이라고 추산했는데, 이는 당시 유럽 인구의 3분의 1에 해당하는 수치다.

당시 사람들은 세상의 종말이 도래했다고 생각했다. 원인도 모르고 치료법도 없던 페스트라는 전염병 앞에 인간은 그저 무력한 존재일 뿐이었다. 죽어가는 사람들 앞에서 할 수 있는 것이라고는 그저 다음 순서를 기다리는 것밖에는 없었다. 페스트를 신이 내린 형벌이라 여긴 사람들은 훗날 페스트가 다시 유행하자 신의 형벌을 피하기 위해 '면벌부'를 사려고 줄을 섰다.

페스트에 대한 당시 유럽인들의 공포심을 묘사한 여러 그림 중 가장 대표적인 작품이 피터르 브뤼헐Pieter Brueghel의 〈죽음의 승리〉다. 해골의 형상을 한 사신들은 낫과 창을 휘두르며 살아 있는 자들을 죽음의 세계로 인도하고 있다. 특히 사신의 품에 왕이 안겨 있고 사신의 오른쪽 손에 모래시계가 들려 있다. 이는 왕의 죽음이 머지않았음을 상징하는 것으로, 죽음 앞

——————— 피터르 브뤼헐, 〈죽음의 승리〉, 1562~1563년경     흡사 전쟁터를 연
상케 한다. 왼쪽 중앙에는 영향력을 상실한 교회가, 오른쪽에는 삶의
의지를 상실한 채 죽기만을 기다리는 사람들이 그려져 있다. 당시 유
럽 인구의 3분의 1의 목숨을 앗아간 흑사병으로 인해 인구가 급격하
게 감소함에 따라 노동자의 임금이 크게 상승했다. 노동력이 점차 귀
해지자 노동자들은 자신들의 처우를 개선해달라며 목소리를 내기 시
작했다.

에서는 계급을 막론하고 모두가 평등하고 무력하다는 것을 보여준다. 죽음의 그림자가 드리워진 도시에는 음울함이 짙게 깔려 있다.

　　짧은 시간 내에 많은 인구가 감소하다 보니 예상치 못한 변화가 속출했다. 페스트의 창궐로 유럽에서 끊이지 않던 전쟁이 종식되거나 휴전되었다. 기나긴 시간 동안 간헐적으로 이어지던 프랑스와 영국 간의 백년전쟁도 휴전할 수밖에 없었던 이유 중 하나가 페스트였다. 당시 전투 방식은 병력들이 밀집해 싸움을 벌이는 것이었다. 따라서 얼마나 많은 병력을 동원할 수 있느냐가 승패를 좌우하는 요인 중에 하나였다. 프랑스와 영국은 전 병력을 동원했고, 그러다 보니 양 진영의 인구밀도가 높았다. 잘 알다시피 인구밀도가 높으면 병원균의 전염 속도도 빨라지고 감염자가 폭발적으로 증가한다. 결국 두 나라는 전투를 치르기도 전에 페스트로 피아식별이 없이 많은 사람이 죽어나갔다. 그래서 당시 대치하던 나라들은 휴전하거나 서둘러 전쟁을 끝냈다.

　　페스트는 세상의 끝을 정복하라는 칭기즈칸의 명령에 따라 유럽의 끝인 히스파니아와 노르망디를 향해 말을 달리던 몽골도 멈추게 했다. 페스트로 정신없던 영국을 침공한 스코틀랜드도 전쟁을 시작한 지 얼마 지나지 않아 자신들의 선택이 얼마나 어리석었는지 깨달았다. 뒤늦게라도 상황을 되돌리려 했지만 이미 많은 병력이 영국군이 아닌 페스트에 공격당한 뒤였다.

페스트의 대유행으로 중세 사회를 유지하던 헤게모니도 달라졌다. 사망자가 급증하면서 일할 사람이 턱없이 부족해지자 살아남은 사람들의 몸값이 치솟았다. 노동력의 부가가치가 높아지자 많은 임금을 주는 일자리를 찾아 살던 곳을 떠나는 사람들이 증가했다. 노동력의 이탈을 우려한 영주의 단속에도 불구하고 농노들이 야반도주를 하는 일도 있었다. 농사를 지을 사람이 부족해지면서 휴경지가 증가함에 따라 토지에서 생산되는 재화도 감소하기 시작했다. 그 결과 영주의 재산이 줄어들면서 지배력까지 약화되었다. 일할 수 있는 사람이 줄어들자 노동력 그 자체가 권력이 되었다. 페스트로부터 살아남은 자영농들과 농노들의 힘이 자연스레 커졌다. 영주가 결정하던 지대는 점점 낮아졌으며 자영농들이나 농노들이 영주와 노동에 대한 가치 산정을 시작하면서 지주보다 소작인이 더 많은 이익을 가져가는 경우도 발생했다. 일부 지역에서는 농노제가 해체되는 등 봉건제를 비롯해 중세 유럽 사회를 떠받들던 여러 근간이 하나씩 무너졌다.

페스트가 유럽을 휩쓸고 간 이후부터 노동력은 곧 자본이 되었다. 따라서 노동력을 잘 활용한 이들 중에는 자본가라는 새로운 계층으로 성장하기도 했다. 당시 기술을 가진 장인들이 귀족과 영주 들의 간섭과 횡포로부터 자신들의 권리를 보호하기 위해 만든 권익 집단이었던 길드는 시간이 지나면서 각 분야를 독과점 형태로 장악하는 이익집단으로 변질되었다. 독과점은 자본의 집중을 불러와 장인들이 자본가로 성장하는 경우도 있었다. 이런 경제적 환경은 도시 지역에서 거대한 자본가가 나타나는 데 유리하게 작용했다. 막대한 자본을 가진 자본가들이 하나둘씩 늘어나기 시작하면서 소규모의 길드 조직은 점차 힘을 잃었다. 특히 산업혁명으로 대량생산이 가능해지자 기능이 비슷한 재화의 가격 하락을 불러왔고 이러한 사회적 변화는 장인의 감소와 함께 길드의 축소와 해체를 가속화했다.

## 페스트가 가져온 변화의 물결

페스트의 유행은 사람들의 가치관에도 영향을 주었다. 당시 사람들은 몰아치는 거친 파도와 풍랑으로 바다에서 목숨을 잃는 경우가 많았기에 바다를 두려워했지만 페스트를 경험하면서는 바다에 있는 것이 오히려 안전하다고 여기기 시작했다. 그래서 사람들은 페스트를 피해 육지를 떠나 바다로 나갔다. 그 과정에서 뜻하지 않게 여러 항해로가 개척되기도 했다.

유럽인들은 조금씩 더 먼바다까지 나갔고 이러한 일이 반복되자 항해로를 통해 무역뿐만 아니라 새로운 세계에 눈을 뜨며 식민지를 개척하기 시작했다. 비싼 임금 때문에 자신들의 부가 줄어들고 있는 것에 불만이 많았던 당시 지배층은 새롭게 개척한 식민지에서 노예를 들여와 착취했다. 그들은 노예들 덕분에 인건비가 줄어들고 이익이 상승하자 더 많은 노예를 데려오기 위해 열을 올렸다.

유럽은 전염병이라는 커다란 시련 속에서도 도약했다. 페스트로 희생된 많은 사람의 목숨은 안타깝지만 이 시기만큼 노동의 가치를 가장 순수하게 인정해주고 존중해주던 때가 또 있을까? 갑과 을의 동등까지는 아니더라도 벌어졌던 격차가 예전보다 많이 줄어들었고 경우에 따라서는 을이 '슈퍼 을'로 군림하기도 했다. 노동의 가치가 인정받은 만큼 결과물이나 수확물에 대한 배분에서도 노동자의 점유율이 높아져 부가 골고루 퍼질 수 있었고 빈부의 격차도 줄어들었다.

그런 미래가 오지 않으면 좋겠지만 페스트처럼 급격한 인구 감소를 초래하는 사회 변화가 우리에게 또다시 찾아올지 모른다. 만약 그러하다면 그때는, 중세시대 때처럼 인간의 노동력이 가치를 인정받고 부의 분배가 골고루 이루어지지는 않을 것이다. 비대면으로 인한 자동화 시스템의 확대와 나날이 정교해져가는 AI의 등장으로 예전처럼 노동의 가치가 올라가는 상황은 쉽지 않을 듯하다. 그럴수록 인간의 가치는 점점 낮아지면서 주객이 전도되는 상황은 필연적으로 인간 사회를 피폐하게 만들 것이라고 감히 생각해본다.

# 신 중심 세계에서 인간 중심의 세계로

## 교회의 타락

오늘날 재산이라는 개념은 국가마다 차이가 있지만 대부분의 국가에서 가장 큰 부분을 차지하는 것은 부동산이다. 재산의 개념이 다양해진 현재도 땅에 대한 중요도가 큰데 토지가 곧 돈이었던 중세시대에 토지는 부를 드러내는 절대적인 척도였다. 중세시대는 소수의 어부와 수공업자를 제외하면 대부분의 근로 인구가 농사를 짓던 시절이었다. 그래서 식량 생산을 전적으로 자연에 의존할 수밖에 없었으며 자연재해라도 일어나면 굶어죽을 수밖에 없었다. 지배층은 식량을 조달하기 위해 때로는 전쟁도 일으켰다. 그만큼 농사는 사람들의 생존 기반이었기 때문에 토지의 경제적 위치도 절대적이었다.

당시 귀족들이 엄청난 특권을 누릴 수 있었던 것도 토지를 소유하고 있었기 때문에 가능했다. 즉 그들의 힘은 경제력에서 비롯되었다. 그래서 귀족들은 전쟁에 나아가기 전에 교회나 교황에게 자신이 가진 재산을 의탁하거나 관리를 맡겼다. 전쟁에서 돌아오는 경우에는 재산을 다시 찾아갔지만 그러지 못할 경우에는 교회에 귀속되었다. 또는 왕이 그들의 재산이나 토지를 몰수하기도 했다. 전쟁이 빈번해질수록 왕실의 재산이 늘어났고 왕은 이를 바탕으로 권력을 강화해나갔다.

한편 페스트의 유행으로 인구가 감소함에 따라 십일조와 헌금이 줄어들면서 교회의 살림살이는 어려워졌다. 교회는 씀씀이를 줄이려고 하기보다는 돈을 확보하기 위한 방안을 고민했다. 결국 성직을 매관매직했으며 더 많은 돈을 벌기 위해 교황이 직접 나서서 면벌부를 남발했다. 윗물이 맑지 못하자 아랫물은 더러워지다 못해 오물이 되었다. 교황청이 하는 일을 지역 교구가 하지 말라는 법도 없었다. 각 지역의 크고 작은 교구에서도 돈을 벌기 위해 면벌부를 만들어 남발했다.

교회의 이런 세속적인 모습에 환멸을 느낀 마르틴 루터 Martin Luther는 1517년 10월 31일, 「95개조 반박문」을 작성해

──────── 안톤 폰 베르너, 〈보름스회의에서의 루터〉, 1877년　신성로마제국의 황제 카를 5세는 1521년 4월 17일부터 개최되었던 보름스회의에 루터를 소환했다. 이 회의에 참여한 루터는 자신의 종교적 신념을 설파했지만 끝내 받아들여지지 못하고 교회로부터 파문당했다. 그럼에도 루터의 종교개혁은 천년 이상 유럽 사회를 지배해온 가톨릭 세계에 파열음을 내는 사건이었다.

교회 문 앞에 내걸었다. 루터를 시작으로 많은 지역에서 교회의 무능과 타락을 비판했다. 많은 이가 교회의 부패를 지적하자 교황의 권위에 절대적으로 복종하던 귀족, 영주 들은 물론 왕까지도 교회에 대항하기 시작했다. 교황을 비롯한 성직자와 불편한 관계가 있었던 지도층(왕, 귀족, 영주)이 동요하고 반발하는 상황까지 발생하자 오랜 시간 유럽을 장악하고 있던 가톨릭의 권위는 균열이 가기 시작했고 영향력은 점점 쇠락해갔다.

시간이 갈수록 내부 깊숙이 스며들어 있던 교회의 타락과 부도덕함이 지도층들에 의해 세상에 알려졌다. 하지만 폐단이 오래된 데다 뿌리가 깊어 부패와 타락의 악취가 진동했던 교회의 시스템을 치료보다는 도려내야 하는 지경이었다. 결국 천년 이상 유럽을 지배해왔던 가톨릭교회는 분열하고 프로테스탄트, 즉 신교가 만들어졌다. 하지만 타락한 구교를 비판하며 등장한 신교마저 세월이 흐르면서 부패했다.

이러한 현상은 오늘날에도 별반 다르지 않다. 성직의 매관매직이 아닌 세습으로 탈바꿈되었을 뿐 일부 교회는 여전히 썩어 있어서 교회 내부에서도 자성의 목소리가 끊이지 않고 있다. 교회가 세속화하는 근본적인 원인은 무엇일까?

돈! 돈 때문일 가능성이 크다. 앞에서 보여주는 고결한 척은 포장일 뿐 종교라고 해서 돈으로부터 자유롭지는 못하다.

가톨릭, 개신교, 불교, 이슬람교 등 모든 종교가 마찬가지다.


## 절대왕정 시대가 열리다

유럽 전역에서 시작된 구교와 신교 간의 갈등은 30년전쟁뿐 아니라 여러 크고 작은 전쟁으로 이어지면서 많은 인명 피해를 낳았으며 전쟁터가 된 토지들은 황폐해졌다. 오랜 갈등으로 불안해진 사람들은 안정을 염원하며 혼란스러운 세상을 정리해줄 절대 권력을 원하기 시작했다. 이러한 사회적인 분위기에 편승함과 함께 증가한 왕실 재산으로 경제적 기반이 탄탄해진 여러 나라에서 '나르시시스트' 왕들이 등장했다.

15~16세기에 걸친 르네상스도 자본의 축적이 있었기에 가능했다. 이 시기에 자연과학도 비약적으로 발전하면서 인간에 대해 이해하려는 시도가 증가했다. 인간의 이성을 탐구하려는 시도는 철학적인 발전으로 이어졌다. 자본이 풍부한 은행가들이나 귀족들의 후원으로 다빈치, 미켈란젤로, 라파엘로 산치오Raffaello Sanzio, 산드로 보티첼리Sandro Botticelli 같은 거장들이 꾸준한 작품 활동을 할 수 있었다. 덕분에 오늘날 우리가 위대한 작품들을 감상할 수 있는 행운을 누리고 있는 것이다. 이

러한 문화적인 역량이 쌓인 유럽에서 나르시시스트 왕과 귀족, 관료를 위한 새로운 문화적 색채가 부각되었는데 이를 '바로 크'라고 부른다.

바로크의 웅장함은 왕들의 권력을 과시하고 위엄을 세우기에 적합한 아이템이었다. 그 때문에 궁전들 역시 바로크양식에 기초해 지어지기 시작했다. 당시 절대왕정의 권력을 마음껏 누린 나라로 프랑스를 꼽을 수 있다. '짐이 곧 국가'였던 루이 14세 때가 그 절정이었다. 루이 14세는 어린 시절 자신을 대신해 섭정하던 모후에 반대하며 들고일어난 반란군에게 목숨의 위협을 받은 적이 있었다. 그만큼 자신의 지위가 불안했기 때문에 절대 권력을 더욱 탐했다. 결핍은 과시로 나타났다. 프랑스의 또 다른 상징 중 하나인 베르사유궁전은 루이 14세의 결핍에서 비롯된 것이었다.

루이 14세뿐만 아니라 유럽의 왕들은 교회나 지방 영주들에게 눌려 힘 한번 써보지 못했던 시절에서 벗어나자마자 절대 권력을 과시하려 했다. 왕들은 위엄을 세우기 위해 호화로운 궁전을 짓기 시작했다. 그리고 당대의 유명한 건축가를 불러들여 궁전을 화려하게 치장하고 이름난 화가들을 데려와 내부를 꾸미게 했다. 덕분에 당시 시대상을 기록하는 수많은 예술작품이 쏟아졌다. 이는 유행처럼 번졌고 이 때문에 왕들은 많은 돈을 필요로 했다. 돈이 생기면 사치를 일삼았고 사치의 일환으로 예술을 추구했다. 바로크양식으로 지어진 궁전 안에는 바로크양식으로 그려진 그림이 복도와 방을 채웠고 크고 작은 행사 때마다 바로크양식의 화려한 음악의 선율이 궁전이나 정원에 흘렀다.

절대군주들은 궁전뿐만 아니라 그림을 통해서도 자신의 위용을 드러내고자 했다. 예를 들어 루이 14세는 그리스신화에서 권력의 정점에 있던 제우스와 자신을 동급으로 묘사하며 우상화하고자 했다. 다음 그림만 보더라도 루이 14세가 표방한 바를 알 수 있다.

물 들어올 때 노를 젓는 것도 중요하지만 방향을 제대로 잡는 게 무엇보다 중요하다. 까딱하면 배가 엉뚱한 곳으로 가기 때문이다. 농업 위주였던 중세와 달리 절대왕정 시대에는 중상주의 정책을 추진하며 무역과 상업에 힘썼다. 유럽의 절대군주들은 자신이 다스리는 나라가 주변 나라들보다 강한 국가가 되기를 원했다. 이를 위해 상비군을 두어 언제든지 외부의 적과 싸울 수 있는 태세를 구축했다. 더불어 잘 정비된 관료제는 중앙집권을 더욱 견고하게 만들었다. 그 때문인지 절대왕정 시기의 일부 왕들은 자신이 무시당하거나 국가가 모독당했다고 생각되면 나사 빠진 판단을 내려 주변 나라들과 전쟁을 일

**샤를 뫼르종, 〈제우스로 현현한 루이 14세〉, 1654년경**　루이 14세는 권력은 신으로부터 부여받은 것이기 때문에 누구도 간섭할 수 없음을 주장하며, 자신을 제우스로 표현하곤 했다. 그림을 보면 독수리가 루이 14세의 곁을 지키고 있는 가운데 한 손에는 제우스를 상징하는 번개가 들려 있으며 발아래에는 메두사가 새겨진 방패가 있다. 절대적인 권력을 휘두르는 왕으로서 자신에게 반하는 모든 이를 벌하겠다는 의지가 은유적으로 드러나 있다.

으키곤 했다. 절대왕정 시기의 유럽에서는 정의와 논리보다 자신의 이익을 위한 전쟁과 누가 강한지를 증명하기 위한 전쟁이 끊이지 않았다. 전쟁을 치르려면 막대한 비용이 든다. 당연히 농업을 통해서 얻는 수익으로는 전쟁 비용을 감당하기 어렵다 보니 상거래와 무역을 통해 거둘 수 있는 마진, 즉 부가가치에 대한 필요성이 부각될 수밖에 없었다. 절대왕정 이후 농업보다는 도시화와 중상주의를 포함한 무역에 대한 비중이 커간 것은 이런 이유 때문이었다.

　　나사 빠진 왕들의 싸움터가 되어버린 유럽에서 이들을 잠재울 수 있는 권력은 없었다. 오로지 전쟁의 승패로 결정된 고액의 배상금이 주는 고통만이 이들을 훈계할 수 있었다. 교황의 권위는 이미 바닥으로 떨어진 상태였고 종교가 가졌던 권력도 예전만 못했다. 르네상스 시대 수많은 사상가가 종교가 아닌 강한 권력을 가진 왕이 나라를 다스려야 한다고 역설했지만 막상 절대 권력을 가진 왕들이 나타나 전쟁만 난무하는 혼란스러운 상황에 놓이자 새로운 대안을 찾으려 했다. 견제를 받지 않는 강력한 권력이 얼마나 끔찍한 결과를 가져오는지에 대한 검증을 너무 혹독하게 치렀던 것이다. 세상의 외면을 받기 시작한 절대 권력에게 절대적인 후원을 했던 부도 서서히 겸손함을 가진 새로운 동반자를 찾아 나서게 된다.

# 패권의 대이동을 불러온
# 칼레해전

## 바다를 장악한 나라가 경제를 장악하다

이슬람 세력을 견제하고자 도움을 요청했던 십자군에게 오히려 심한 뒤통수를 맞은 비잔틴제국은 갈수록 쇠약해지더니 어느 순간 시나브로 역사 속으로 사라져버렸다.

유럽의 방파제 역할을 하던 비잔틴제국이 사라지자 입술이 사라져 드러난 이처럼 유럽은 이슬람 세력과 자주 접촉하게 되었다. 당연히 십자군전쟁 때부터 이어진 감정으로 인해 불필요한 충돌이 잦아지면서 갈등의 골이 깊어졌다. 소아시아와 북아프리카를 장악한 오스만튀르크가 지중해에도 진출하면서 조성된 환경이었다.

　　1538년, 오스만은 베네치아, 제노바, 에스파냐가 연합한 함대와 벌인 해상전에서 승리함으로써 지중해에서의 제해권을 확보하며 세력을 떨쳤다. 지중해 세계는 오스만제국을 정점으로 단극화되었지만, 1571년 베네치아가 지배하던 키프로스섬을 오스만이 점령하면서 갈등이 재점화되었고 반反오스만 동맹은 다시 결성되었다. 같은 해 베네치아, 에스파냐를 중심으로 모인 연합군은 그리스의 레판토 항구 앞바다에서 오스만제국과 충돌했고, 에스파냐의 선전으로 오스만 해군이 패하면서 오스만의 영향력은 에게해를 포함한 동지중해로 축소되었다.

　　레판토해전에서 연합군을 이끈 에스파냐는 승리를 쟁취하며 위상이 높아졌지만 해전에 들어간 대부분의 비용을 부담하게 되면서 '피로스의 승리'라는 결과를 얻었다. 게다가 식민지였던 네덜란드가 일으킨 독립전쟁을 진압하기 위해 막대한 비용까지 쏟아부으면서 파산 직전에 몰리게 되었다. 에스파냐의 힘이 분산되자 신대륙을 오가던 에스파냐 무역선을 약탈하는 해적이 활개를 치기 시작했다. 문제는 이들이 단순한 해적이 아니라는 데 있었다. 그들 뒤에는 거대한 후원 세력이 있었다. 바로 영국 왕실이었다.

　　당시 국가 전체 수입이 도시국가 밀라노보다 적을 정도

로 경제난이 심각했던 영국에게 값비싼 재화를 가득 실어 나르던 에스파냐 무역선은 탐낼 만한 존재였다. 이 사냥감을 놓치고 싶지 않았던 영국 왕실이 고민에 빠져 있을 때 프랜시스 드레이크Francis Drake라는 인물이 등장했다. 드레이크는 사략질로 영국 왕실을 먹여 살린 덕분에 엘리자베스 1세Elizabeth Ⅰ로부터 작위와 훈장까지 받았다. 사략은 당시 유럽 국가에서 흔하게 발급하던 공식적인 '해상 약탈 면허'다. 한마디로 영화 〈007 시리즈〉에서 제임스 본드가 살인 면허를 받았듯이 사략은 국가에서 해적질을 하라고 공식적으로 내준 면허였다. 살인 면허가 영화 속에서나 존재하는 '허구'라면 해적 면허는 여러 가지 사례를 통해 역사적으로 증명된 '사실'이다.

당시 대서양 건너 신대륙에 식민지를 두고 가장 활발하게 무역하던 나라는 에스파냐였다. 에스파냐가 소유했던 식민지의 가치가 클수록 그들이 해운선에 실어 나르는 재화의 가치도 크다는 것을 의미했다. 따라서 에스파냐와 식민지를 오가던 여러 상선은 영국 사략선의 표적이 될 수밖에 없었다. 영국의 집요함과 지속성이 결합된 사략질로 인해 에스파냐는 막대한 피해를 보고 있었다. 영국 왕실은 사략질을 통해 얻은 이익으로 재정난을 메웠기 때문에 암묵적으로 이를 장려했을 뿐만 아니라 일종의 산업처럼 육성하고 있었다. 드레이크 외에도 실적이 우수한 사람은 영국이 발전하는 데 있어 타의 모범이 되었기에 왕실에서 그 솔선수범을 치하하기 위해 작위를 수여했다. 이런 해괴한 짓을 자행했던 모습에서 당시 영국이 경제난을 타개하기 위해 얼마나 처절하게 몸부림쳤는지 짐작할 수 있다.

　자국의 피해가 계속되자 에스파냐는 영국에게 경고성 항의의 메시지를 보내지만 의례적인 답변만 돌아왔을 뿐, 영국은 적극적으로 문제를 해결하려는 모습을 보이지 않았다. 오히려 영국의 도발은 더욱 심해졌다. 무력으로 영국을 무릎 꿇리리라 마음먹은 에스파냐는 전함과 상선을 최대한 끌어모았다. 당시만 해도 가난한 나라였던 영국은 해군력의 열세를 만회하려고 사략선까지 모아 연합 전력을 구축했지만 에스파냐와의 전력 차이를 극복하기에는 역부족이었다.

　1588년 8월 8일, 영국과 에스파냐의 명운이 걸린 날이 밝았다. 도버해협에서 맞붙은 이 해전을 세계사에서는 '칼레해전'이라고 부른다. 칼레해전은 유럽의 경제뿐만 아니라 유럽의 정치 지형을 완전히 바꾸어놓았다. 레판토해전에서 승리하며 지중해와 대서양을 누볐던 에스파냐를 영국이 물리치면서 변방의 섬나라에 불과했던 영국이 자신의 존재감을 드러내기 시작했다.

　위대하고 축복받은 함대라는 뜻의 '그란데 이 펠리키

──────── 〈에스파냐의 무적함대〉, 1590년경    영국의 해적선들은 대서양 인근
의 섬에 숨어 있다가 에스파냐의 운송선이 방심하는 사이에 빠르게
달려들어 물자를 약탈했다. 영국의 사략질로 피해가 막심해지자 에
스파냐는 영국에 조치를 취해달라고 하지만, 오히려 영국은 에스파
냐로부터 독립하려던 네덜란드를 적극적으로 지원하며 에스파냐의
심기를 자극했다. 결국 두 나라는 칼레 근처의 바다에 맞붙었다. 이
전투에서 패한 에스파냐는 쇠퇴의 길로 들어섰고, 당시 세계 최강의
군사력을 무너뜨린 영국은 새로운 해상 강국으로 떠올랐다.

시마 아르마'가 정식 명칭인 당시의 에스파냐 함대를, 오늘날에는 '무적함대'라고 부르지만 이는 에스파냐가 붙인 것이 아니다. 에스파냐의 함대를 격파한 영국이 자신들이 더 강하다는 것을 부각시키고 에스파냐를 조롱하기 위해 붙인 것이다. 일종의 비아냥거림이다.

여기에서 에스파냐의 패배 원인을 좀더 자세히 들여다보면, 실제로는 두 나라 간의 무력 충돌에서 에스파냐가 패한 것이 아니었다. 에스파냐의 함대가 영국 주변 바다에 머무는 동안 날씨가 좋지 않았고 익숙하지 못한 거친 해류에 대응을 잘못하는 바람에 영국이 손 안 대고 코를 푼 격이었다. 결정적으로 에스파냐의 해군 지휘관 메디나 시도니아Medina Sidonia 공작은 군에 대한 지식이 없었을뿐더러 지휘관보다는 행정가에 가까웠다. 그는 원정에 필요한 재화 소요를 파악하고 이를 조달할 수 있는 계획을 세웠다. 필요한 재화와 수량은 물론 각각에 대한 관리 방안까지 모든 것을 총망라해 문서로 만들었다. 방대하면서도 완벽에 가까웠던 이 문서는 안타깝게도 영국 해군 손에 들어갔다. 영국 해군은 에스파냐의 준비성에 혀를 내두를 수밖에 없었다. 어쨌든 이 문서 덕분에 영국 해군은 에스파냐 해군의 허점을 파악하고 방책을 세울 수 있었다.

영국의 버르장머리를 고쳐주려고 벼르던 에스파냐는

막강한 전투력을 자랑했던 전함과 대규모의 선단이 싣고 있었던 막대한 전쟁 물자를 잃어버렸다. 손실이 컸던 만큼 국운도 쇠락하기 시작했다. 에스파냐는 이후에도 영국 원정을 시도하지만 날씨 때문에 또 패하고 말았다. 잇단 패전으로 에스파냐는 재정난에 시달렸고 찬란했던 제국의 영광은 서서히 막을 내리고 있었다.

## 바다가 영국의 미래를 좌우하다

칼레해전에서의 승리로 자신감을 얻은 영국은 해상무역에 집중하기 시작했다. 그러다가 네덜란드의 일부 상선이 아시아와의 교역을 통해 이익을 얻는 것을 보고 1600년 12월 31일, 아시아 지역 무역에 대한 독점권을 부여한 동인도회사(EIC, East India Company)를 설립했다. 2년 뒤 네덜란드가 동인도회사(VOC, Vereenigde Oostindische Compagnie)를 설립하면서 두 나라는 향신료를 둘러싼 아시아 무역 이권 경쟁을 벌이기도 했다.

영국 동인도회사는 인도와의 무역 독점권을 부여받은 회사였다. 인도에 본격적으로 진출한 동인도회사는 1690년

콜카타에 상관을 설치하고 콜카타를 인도 공략과 통치의 기점으로 삼았다. 그리고 통치 능력을 상실한 무굴제국으로부터 벵골 지역 조세 징수권을 넘겨받으면서 사실상 인도를 식민 통치하기 시작했다.

영국의 팽창정책은 아시아에서만 진행된 것이 아니었다. 1898년에는 아프리카 분할 점령을 놓고 종단정책을 펼치며 식민지를 늘려가다가 횡단정책을 펼치던 프랑스와 수단 남부의 파쇼다에서 충돌하기도 했다. 군사적 긴장 상태가 계속되다가 이듬해 두 나라가 타협하면서 도버해협을 사이에 둔 두 나라 간의 갈등은 마무리되었다. 파쇼다사건은 당시 유럽의 여러 나라가 아프리카에서의 세력 확장에 얼마나 열을 올렸는지를 잘 보여준다.

영국은 아메리카대륙에도 검은손을 뻗기 시작했다. 청교도들이 박해를 피해 북아메리카로 이주하자 영국은 이들의 정착지를 중심으로 아메리카에 식민지를 개척했다. 식민지에서 생산된 재화는 저렴하게 사들이고 영국의 생산품을 비싸게 팔아 많은 차익을 남기며 부강해지지만, 양국 간의 심각한 무역 불균형이 초래되었다. 결국 식민지 주민들의 반발을 불러일으키면서 아메리카식민지독립전쟁으로 치닫고 말았다. 전쟁의 패배로 영국은 북아메리카를 직접 지배하는 정책을 포기해야 했다. 그럼에도 유럽을 넘어 세계의 중심지라는 영국의 지위는 흔들리지 않았다. 오히려 사략질로 겨우 연명하던 영국은 이후 '해가 지지 않는 대영제국'이라는 이름을 얻으며 전 세계 바다를 누볐다.

물론 20세기에 들어서면서 발생한 두 차례의 세계대전으로 영국은 대부분의 식민지를 잃게 된다. 하지만 뉴질랜드나 오스트레일리아 국기에 영국의 국기인 '유니언잭'이 그려져 있어 영연방국가들에 대한 영국의 영향력이 여전함을 확인할 수 있다. 게다가 지구상에 있는 200여 개의 국가가 가입되어 있는 유엔에서, 핵심 기구인 유엔안전보장이사회의 상임이사국 5개국 중에 한자리를 차지할 정도의 정치적, 경제적 힘도 가지고 있어 과거의 영광을 완벽히 재현하지는 못하더라도 직간접적으로 국제질서에 끼치는 영향력이 적지 않다.

# 네덜란드에서 영국으로 이어진 금융혁명

## 세계 최초의 주식회사가 탄생하다

'낮은 땅의 나라'라는 의미를 가진 네덜란드는 합스부르크가, 부르봉왕조, 영국의 이해관계가 중첩되는 곳이었던 만큼 그들의 영향력에 갈대처럼 휘둘리곤 했다. 그럼에도 한자동맹의 일원으로 발트해와 북해를 중심으로 이루어지던 북유럽 무역에서 나름의 역할을 했다. 네덜란드의 활동 영역이 넓어질수록 거래량이 늘어나면서 이익도 증가했는데 이 때문에 북유럽의 부가 네덜란드로 흘러든다는 소문이 나기도 했다.

합스부르크 가문의 에스파냐 왕실은 네덜란드가 활발

한 경제활동으로 재정 상황이 좋아지자 먹거리가 많아진 네덜란드에 관심을 드러내며 자주 간섭했다. 에스파냐의 펠리페 2세 Felipe II는 구교인 가톨릭교회의 수호자임을 자처하며 네덜란드의 신교도들을 탄압하고, 도시에 대해 무거운 세금을 부과하는 것은 물론 자치권까지 박탈했다. 종교와 자치에 대한 자유를 박탈당하고 부당한 세금의 부담을 안게 되자 네덜란드 사람들은 격렬하게 저항했고 결국 독립을 하기 위해 전쟁을 일으켰다. 수많은 사람이 피를 흘린 끝에 네덜란드는 정치적, 종교적 자유를 보장받게 되었다.

네덜란드는 중계무역을 중심으로 한 상업이 발전한 곳인 만큼 다른 나라들에 비해 활동 반경이 컸다. 거대한 농장을 소유한 지주들은 곡물 농사와 면화를 비롯한 여러 사업을 통해 부를 축적했다. 이들은 자신이 축적한 자본을 가지고 상업의 중심지 암스테르담으로 모여들었다. 돈이 모인 곳에는 새로운 사업 아이템이 생기게 마련이다. 돈 냄새를 맡고 사업 자금을 구하려는 사람들도 모여들었다. 돈 때문에 암스테르담을 찾은 사람들은 사업가나 귀족뿐만이 아니었다. 상선에서 일하는 선원, 각 나라의 상비군에서 근무하는 군인 그리고 일반인들까지 암스테르담을 찾았다. 돈을 빌려주는 사람은 돈이 돈을 벌어 와서 좋았고, 돈이 필요한 사람은 일정한 비용만 지불하면 필요할 때 언제든지 쓸 수 있는 데다 이 돈으로 투자하면 더 많은 가치를 만들어낼 수 있었기 때문에 손해라고 생각하지 않았다. 굉장히 자본주의적인 사고방식이었다.

당시 네덜란드에서 이루어지던 돈거래가 오늘날 금융시장에서 볼 수 있는 거래의 형식과 유사하기에 네덜란드를 금융 시스템의 원조라고 보기도 한다. 실제로 세계 최초의 증권 거래소가 문을 연 곳도 네덜란드의 암스테르담이고, 옵션, 공매도 같은 금융 용어나 유한책임 같은 자본주의적 시스템도 모두 이때 탄생했다. 또한 1602년에 세워진 네덜란드 동인도회사는 오늘날의 주식 개념을 바탕으로 한 것이었다.

VOC(네덜란드 동인도회사는 일반적으로 네덜란드어 명칭의 앞 글자를 따서 VOC라고 부른다.)는 돈 많은 자본가 젠트리가 모여서 만든 영국 동인도회사보다 2년 늦게 세워졌지만 주식회사의 개념을 도입해 자본가와 일반인에게 증서를 발급해주고 투자를 받아 설립되었기 때문에 자금의 규모는 훨씬 더 컸다. 또 주식회사라는 개념 때문에 VOC에 투자를 증명하는 증서는 사고팔 수도 있었다. 급전이 필요한 사람은 증서를 팔았고 VOC의 미래가치에 기대를 건 사람들은 그 증서를 사서 모았다. 초기에는 무모해보였지만 후추와 같은 향신료의 중계무역이 성공한 덕분에 투자자에게 많은 배당금을 지급할 수 있었

헨드릭 반 슐렌버그, 〈네덜란드의 동인도회사〉, 1665년　　세계 최초의 주식회사로, 이후 유럽에서 차례대로 설립되는 주식회사의 모델이 되었다. 네덜란드인들은 동인도회사를 만들 때, 아시아 항해를 통해 얻은 무역 이익을 투자자들에게 배당하는 방식을 채택했다. 즉 투자를 통해 자금을 조달한 뒤 향신료 무역으로 이익을 얻어 자본을 축적했다. 주식회사의 출범은 상거래가 더 이상 재화가 아닌 자본으로 움직인다는 것을 세상에 천명하는 것과 다름없었다. 이는 기존의 시장 질서를 무너뜨리는 것으로 네덜란드와 유럽은 물론 세계 금융시장이 발전하고 성장하는 데 많은 기여를 했다. 한편 네덜란드 동인도회사는 아시아 지역에 20여 개의 상관을 설치한 뒤 이들을 연결하는 해상 네트워크를 구축해 막대한 이익을 취했다.

다. 그래서 VOC가 투자자를 모집할 때면 수많은 사람이 기대 수익을 꿈꾸며 투자했다. 이후 여러 나라가 VOC를 모델로 해서 동인도회사를 세웠고, VOC는 오늘날의 주식시장이 형성되고 자리를 잡는 데 많은 기여를 했다.

VOC는 주요 교역 품목이었던 향신료를 구하기 위해 지리적으로 유리한 지금의 인도네시아를 중심으로 동남아시아 일대에 식민지를 건설했다. 먼저 진출했던 포르투갈의 실패를 본보기 삼아 넓은 지역을 지배하기 위한 식민지라기보다 교역의 교두보를 구축하려 했다.

또한 네덜란드는 동아시아의 극동 지역이었던 중국과 일본과의 교역에도 신경을 썼다. 덕분에 변두리였던 당시 일본에 서양의 문화와 학문이 전해졌다. 이를 '난학蘭學'이라고 한다. 1653년 조선에 표류했다고 알려진 핸드릭 하멜Hendrik Hamel과 네덜란드 선원들도 VOC 소속이었다.

한편 네덜란드 사람들은 북아메리카에도 진출해 1621년 그곳에 뉴암스테르담이라는 도시를 건설했다. 하지만 영국과의 전쟁에서 패하면서 1664년 9월 8일에 이곳을 영국에 넘겼다. 영국은 요크 공의 소유라는 의미로 뉴암스테르담을 뉴욕이라고 부르기 시작했다. 이러한 사실들에 비추어볼 때 17세기에 네덜란드가 경제적으로 대국이었음을 짐작할 수 있다.

지금도 네덜란드에서는 중계무역과 가공무역이 활발히 이루어진다. 세계에서 두 번째로 농산물을 많이 수출하지만 농사를 직접 짓지는 않는다. 네덜란드는 수출입을 통해서 농산물의 수출 규모를 확대하고 있기 때문이다. 이를테면 네덜란드에서는 재배하지 않는 카카오를 수입해서 여러 형태로 가공한 뒤에 수출하고 있는데 그 규모가 세계 2위다. 그 외에도 담배, 장미, 튤립, 커피 같은 원재료를 수입해서 가공하거나 중계를 통해 다른 나라로 수출하고 있다. 수출의 75퍼센트 이상은 유럽 국가가 차지하고 있는데 점차 아시아 국가로의 수출을 확대하는 추세다.

선조들의 상인 DNA을 이어받아서인지 오늘날의 네덜란드 사람들은 하고 있는 복장이나 사용하는 통신, 운송 수단만 바뀌었을 뿐 여전히 전 세계를 누비며 비즈니스를 하고 있다. 아니 오히려 조상으로부터 물려받은 상인의 면모가 시간이 흐를수록 점점 세련되어지고 있다.

## 과세 문제로 촉발된 두 차례의 혁명

영국을 절대왕정에서 의회주의로 만든 대표적인 사건이 청교도혁명과 명예혁명이다. 이 사건이 종교와 정치적 이슈에 영향을 미치기는 했지만 두 혁명이 일어난 절대적인 이유는 단 하나였다. 바로 돈이었다. 더 정확히 말하면 조세 때문이었다. 즉 왕이 세금을 더 걷으려고 하자 주된 납세자들이 반발한 것이라고 보는 게 맞을 듯하다. 세금 납부를 재산을 빼앗기는 것이라고 생각한 귀족과 젠트리는 힘을 합쳐 의회를 점령한 뒤 왕을 쫓아냈다. 다시 말해 영국의 혁명은 겉으로는 권력을 두고 왕권과 의회가 맞붙은 다툼처럼 보이지만, 실제로는 돈을 빼앗기지 않으려는 귀족과 젠트리의 조세 불복의 몸부림이었던 셈이다.

두 사건에 대한 역사적 시각은 바라보는 관점에 따라 저마다 다를 수 있다. 다만 세상을 긍정적으로 바라보기를 원했던 우리나라의 교육부는 청교도혁명과 명예혁명이 영국의 민주주의 제도가 자리를 잡아가는 데 기여한 사건들이라고 아름답게 포장해서 가르치고 있다. 이 글을 읽는 분들은 이 같은 교과서의 내용이 실제와는 굉장한 괴리감이 있다는 것을 염두에 두었으면 좋겠다. 사건들의 명칭부터가 승자들의 정당성을 확보해주기 위해 계산된 틀이었다는 게 나의 생각이다.

아무튼 지금부터 청교도혁명과 명예혁명에 대해 자세히 살펴보자. 15세기 장미전쟁으로 많은 힘을 낭비한 귀족 세력은 위축되었고 그 힘의 공백을 하급 귀족과 젠트리가 채워갔다. 가지고 있던 토지를 팔아 재정을 충당하던 왕실은 더 이상 팔 재산이 없어지자 국민으로부터 세금을 걷으려 했다. 그러나 1215년 6월 15일, 존John 왕이 서명한 「마그나카르타」의 핵심 조항 12조에 의하면 관습상 인정되는 과세 외에 새로운 세금을 함부로 부과할 수 없었고 이를 부과하기 위해서는 '일반의 동의'를 받아야 했다. 여기서 일반의 동의란 귀족과 젠트리, 국교회의 동의를 의미했다.

1625년 왕위에 오른 찰스 1세Charles I 는 노골적으로 의회를 무시하며 전시에만 부과하던 선박세를 평시에도 납부하도록 강요하는 등 궁핍해진 재정을 메우기 위해 닥치는 대로 세금을 거두어들였다. 물론 의회의 동의를 거치지 않은 징수였다. 대외적인 문제를 해결하려면 많은 돈이 필요했던 찰스 1세는 더 많은 세금을 거두기 위해 의회를 소집했다. 의회는 기다렸다는 듯이 의회의 동의 없이 세금을 함부로 거두지 못한다는 내용이 담긴 「권리청원」의 승인을 요구했다. 찰스 1세는 의회의 동의를 구하기 위해 어쩔 수 없이 서명한 뒤 나중에 「권리청원」은 무효라고 주장하며 의회를 다시 해산해버렸다.

찰스 1세는 11년이 넘도록 의회를 열지 않은 채 왕권을 휘둘렀다. 문제는 종교적인 이유로 전쟁을 벌였던 스코틀랜드에 패배하면서 발생했다. 찰스 1세는 패배로 인한 전쟁배상

〈찰스 1세의 처형〉, 1649년경     역사적으로 한 나라의 왕이 민중 앞에서 공개 처형된 경우는 그 유례를 찾아보기 어려울 정도로, 찰스 1세의 처형은 유럽 사회에 큰 충격을 안겨주었다. 조세 부과 문제로 촉발된 왕과 의회의 갈등으로 청교도혁명이 일어났고 그 결과 왕정이 폐지되고 공화정이 수립되었다.

금을 스코틀랜드에 지급해야 할 상황에 놓였다. 워낙 거금이다 보니 배상금에 대한 문제를 논의하기 위해 의회를 소집했다가 의회와 충돌이 발생했다. 이 과정에서 그동안 누적되었던 의회(젠트리와 귀족)의 불만이 터지게 되었고 봉합되지 못한 의회와의 갈등으로 내란이 일어났다. 초반에 유리했던 전세를 지키지 못한 찰스 1세는 패한 뒤 포로가 되었다가 결국은 처형되었다. 이 내란이 바로 청교도혁명이다. 청교도혁명으로 공화정이 수립되었으나 서슬 퍼런 독재로 공화정을 이끌던 올리버 크롬웰Oliver Cromwell이 죽자 의회는 왕정으로 되돌아갔다.

청교도혁명 중에 프랑스에 망명했다가 왕정복고 후에 즉위한 찰스 1세의 아들 찰스 2세Charles II는 의회를 누르려 했으나 의회를 차지한 젠트리의 세력은 막강했다. 찰스 2세가 후사 없이 세상을 떠나자 그의 동생인 제임스 2세James II가 왕위에 올랐는데, 그는 신실한 가톨릭 신자였다. 제임스 2세는 신교도의 나라인 영국에서 가톨릭 신자를 동등하게 대우하고 싶었다. 의회는 제임스 2세가 종교를 핑계로 자신들과 같은 신교도들을 탄압하려는 것이라 판단했다. 그래서 새로운 왕을 세우기로 하고 네덜란드에 있던 제임스 2세의 사위와 딸인 오라녜(이후 윌리엄 3세Willem III)와 메리(이후 메리 2세Mary II) 부부에게 접촉을 시도했다. 이 과정에서 생각보다 많은 피를 흘리지 않고 제임스 2세를 쫓아내는 데 성공해서 명예혁명이라고 부른다. 의회는 두 사람을 공동왕으로 추대하고 두 사람은 왕의 권력이 법 위에 있지 않다는 것과 의회 승인 없이 과세할 수 없다는 내용을 담은「권리장전」을 승인했다.

두 차례의 혁명에서 알 수 있듯이, 영국 의회와 관료, 국교회의 지도층은 자신들의 이익과 권력을 지키기 위해 장난감 블록처럼 왕을 교체했다. 그들에게 이제 왕이라는 자리는 자신들이 마음만 먹는다면 언제든지 바꿔 끼울 수 있는 블록 같은 존재가치가 되었다.

영국의 왕이 된 윌리엄 3세의 당면 과제는 누적된 재정 적자를 해결하는 것이었다. 의회와의 갈등이 뻔히 보이는 상황에서 세금을 올리는 것은 해결책이 아니었다. 윌리엄 3세는 네덜란드에서 했던 것처럼 국채를 발행해 문제를 해결하려 했다. 오늘날 대부분의 국가가 채권을 발행해서 필요한 비용을 조달하는 방식과 동일했다. 의회도 국채 발행에는 동의했으나 정작 발행한 국채를 소화할 시중자금이 부족했다.

이에 윌리엄 3세는 해결 방안을 찾기 위해 자신과 함께 영국으로 넘어온 유대인들과 논의했다. 네덜란드에서 금융업에 종사한 경험이 있었던 이들은 여러 가지 아이디어를 제안하며 실행해보자고 했다. 오늘날 영국이 세계 금융시장의 한 축으로 발돋움할 수 있었던 것은 이때 나온 아이디어들을 실행하는 과정에서 발생했던 시행착오들을 보완하고 또 보완했기에 가능했다.

　유대인들의 제안이 받아들여졌지만 실제로 진행되는 과정에서는 이들이 전면에 나서지 않았다. 유대인들은 구교와 신교 모두에게 배척받은 수많은 역사적 경험을 가지고 있었기 때문이다. 자신들이 전면에 나설 경우, 보수적인 영국 사회에서 외부인에 의해 변화되는 시스템에 대한 반감은 물론 자신들에게 불어 닥칠 파장과 부작용을 예감했다. 그래서 이들은 스코틀랜드 금융인을 내세워 전쟁 기금을 모금하는 단체를 세우고 비용을 조달하기로 했다. 그렇게 모인 자금으로 국채를 매입해 정부가 예산을 마련할 수 있도록 하고 부족한 부분은 은행권을 발권해 채우기로 했다. 이러한 금융 기법을 구사하려면 은행권을 발행할 곳이 있어야 했다. 그 결과 1694년 주식공모로 투자자들을 모아서 민간 중앙은행을 설립하는데 이렇게 만들어진 곳이 바로 영국은행이었다.

　영국은행의 설립은 영국의 대외 활동에 모터를 다는 일대의 혁신이었다. 이후에도 왕실이 국채를 발행하면 영국은행이 이를 사들인 뒤 기존 발행가격보다 할인된 가격에 채권을 일반인이나 자본가들에게 매각해 다시 자금을 확보했다. 미래의 돈을 현재로 끌어오는 이러한 자금의 순환 고리 덕분에 영국이 예산을 투입해 양성한 함대는 5대양 6대주를 마음껏 누빌수 있게 되었다. 이후에도 영국은행의 전폭적인 재정적 지원에힘입어 영국 왕실은 팽창정책을 펼칠 수 있었다. 이 같은 자금동원력 덕분에 영국은 아기 걸음에서 성인의 걸음을 넘어 증기기관의 속도로 나날이 발전했다. 훗날 영국이 동인도회사를 통해 인도를 장악하고 오세아니아와 아프리카를 비롯한 전 세계에 식민지를 건설하고 관리할 수 있었던 데에는 영국은행이라는 막강한 경제적 배경이 있었기에 가능했다. 영국 사례에서알 수 있듯이 금융의 역할과 힘은 '자금의 순환'에서 나온다.

# 세상을 피와 달콤함으로
# 물들이다

## 사탕수수가 빚어낸 백색의 금

먼 미래의 우주를 배경으로 하는 SF들이 꽤 많다. 〈스타트렉 Star Trek〉이라는 작품은 2200년이라는 미래의 우주를 배경으로 하고 있다. 1966년에 TV 시리즈물로 제작된 이래 영화와 게임을 비롯해 새로운 내용으로 여러 시리즈가 제작되어 트레키Trekkie라는 열성 팬을 만들어낼 정도로 많은 사랑을 받고 있다. 개인적으로는 '딥스페이스 나인Deep Space Nine, DS9'에서 침공하는 카데시안과 침공당하는 베이조 행성이 일제와 조선으로 대비되는 일치성 때문에 더욱 마음이 갔다.

미래가 어떻게 흘러갈지 예상하기 어렵지만 스타트렉처럼 전 우주를 상대하는 '은하 행성 총연방'이 만들어지기 전까지 인류는 분명 지구 안에서만 경제활동을 할 가능성이 높다. 즉 우주의 부를 지구로 가져오거나 지구의 부를 우주로 옮길 수 있는 환경이 만들어지기 전까지는 지구에서만 모든 자본과 재화가 움직일 것이다. 이는 우리가 "제로섬사회"를 살아가고 있음을 말한다. 추가적인 부의 유입이 전혀 없는 상태에서 누군가가 재화와 자본의 이득을 보고 있다면 누군가는 손해를 본다는 것을 의미한다.

큰 틀에서 지구의 부는 지구에서만 유지되고 있지만 세밀하게 보면 시대와 상황에 따라 대륙과 국가를 옮겨 다니고 있다. 이러한 부는 동서양의 각 지역에서 국지적으로 창출되고 유지되었지만, 15세기에 대항해시대가 도래하고 17세기에 주식회사가 등장하면서 시스템도 양상도 기존과는 달라졌다. 서로 더 가지려고 싸우던 유럽 국가들이 외부로 진출하면서 식민지를 둘러싼 경쟁은 확대되었고, 각 지역에 고루 퍼져 있던 부가 유럽이라는 특정 지역으로 몰리는 현상을 낳았다.

베네치아는 비잔틴제국이 멸망하면서 공백이 발생한 동지중해의 무역을 독점했다. 1300년경 100톤 이상의 화물을 실을 수 있었던 범선은 조선술의 발달로 1550년경에는 280톤 이상을 실을 수 있게 되었다. 아나톨리아반도 아래에는 분단된 섬 키프로스가 있다. 키프로스는 서아시아 지역과 교역하기 유리한 위치여서 동지중해 무역의 중심지로 부각되었지만 범선을 만들어 운용할 능력이 없었다. 서유럽에서 규모가 컸던 상업지역인 플랑드르도 마찬가지였다. 베네치아는 14세기 초에 개척된 항로로 키프로스와 플랑드르를 중계무역하면서 많은 부를 쌓았다. 특히 15세기 중반부터 키프로스가 설탕을 생산하기 시작했는데, 이를 베네치아 상인들이 독점 거래하면서 더 큰 이득을 봤다. 설탕은 세계에서 가장 많이 사용되는 감미료로, 미국과 영국의 금융시장에는 설탕 가격의 변화에 투자하는 선물futures 거래 상품이 있을 정도다.

　　포르투갈은 베네치아가 설탕 무역으로 돈을 버는 것이 부러웠다. 그러다가 사탕수수 재배지로 적당한 곳을 찾던 중에 모로코 옆에 있는 '마데이라제도'를 발견했다. '나무'라는 의미처럼 마데이라는 숲이 울창했다. 이곳을 차지한 포르투갈은 베어낸 나무로 배를 만들거나 다른 나라로 목재를 수출하며 부를 창출하고 나무가 베어나간 곳에 작물을 심었다. 이때 심은 작물이 사탕수수였다. 포르투갈은 다 자란 사탕수수로 설탕을 생산하기 시작했다. 생산량을 꾸준히 늘린 덕분에 1450년경부터는 연간 100톤 정도의 설탕을 생산이 가능해짐에 따라 유럽 시장에서 베네치아의 독점체제를 깰 수 있게 되었다. 1500 년경에는 연간 생산량이 2,500톤까지 증가되었는데, 이때부터는 오히려 포르투갈이 독점에 가까운 설탕 무역을 했다. 브라질로 진출한 이후에는 사탕수수 농장을 확대하면서 1580년까지 연간 2,300톤의 설탕을 생산했다. 이로써 포르투갈이 사실상 서유럽의 설탕 무역을 독점하게 되었다.

## 노예무역의 이점만을 뽑아낸 삼각무역

1780년대의 영국을 배경으로 한 〈벨Belle〉은 백인 남성과 흑인 여성 간의 로맨스를 그린 영화다. 백인 아버지와 흑인 어머니 사이에서 태어난 다이도는 흑인이었지만 상류층 아버지의 신분에 따라 친척의 도움으로 풍족한 생활을 하며 교육을 받는다. 그리고 해군 장교였던 아버지가 남긴 엄청난 재산을 상속받는다. 이후 다이도는 노예들의 인권에 힘쓰는 다비니에라는 백인 남성과 우연히 만나면서 자신의 정체성을 깨닫고 노예들이 처한 비참한 실상을 목도하게 된다.

　　영화 속 두 주인공이 긴장, 반목, 협력 관계를 만들어가는 그 중심에 '흑인노예무역'이 자리를 잡고 있다. 작품의 시대적 배경이기도 한 18세기에 영국 사회를 뒤흔든 한 사건이 일어났다.

1781년 11월 29일에 발생한 '종호 대학살 사건'은 사회적으로 상당한 파장을 낳았다. 영국 사람 모두에게 인간의 존엄성에 대해 생각해보게 만든 이 사건은 노예무역을 하던 영국 상선의 선원들이 노예 132~133명을 바다에 빠뜨려 죽인 뒤 재산 손실을 봤다며 보험금을 청구한 사건이다. 당시 노예는 보험회사의 보상 목록에 '살아 있는 짐'으로 표현되던 시절이었다. 노예들은 살아 있을 때만 짐으로 분류되어 보상을 받을 수 있었기 때문에 산 채로 바다에 던져졌을 것이다.

1562년 존 호킨스John Hawkins가 뛰어들면서 시작된 영국의 노예무역은 면직물을 비롯한 영국의 생산품으로 아프리카 흑인노예를 사들인 뒤 아메리카에 있는 영국과 에스파냐의 식민지에 다시 팔아 현지의 생산 물자로 대금을 받는 방식이었다. 사람이 재화와의 교환 대상으로써 가치가 매겨졌던 것이다. 상인들은 대금으로 받은 설탕이나 은을 영국으로 가지고 가 원하는 가격에 팔았다. 이렇게 이익만을 좇던 야만 시대에 이루어진 무역을 '삼각무역'이라고 한다. 이는 다호메이왕국이 아프리카 기니만 일대의 패권을 쥐게 되면서 가능했는데, 다호메이왕국은 세력이 약한 인접 부족의 사람들을 잡아다가

──────── 윌리엄 클라크, 〈사탕수수 농장에서 일하는 노예들〉, 1823년　아메리카에서 사탕수수 농장을 운영하던 백인들은 아프리카 노예를 대거 투입한 덕분에 막대한 이익을 챙길 수 있었다. 백인들은 노예들을 부림으로써 사실상 인건비가 들어가지 않았기 때문에 설탕을 비싸게 팔면 적은 양이 팔려도 이익(마진)을 많이 남길 수 있었고, 저렴하게 팔면 가격경쟁력이 높아져 많은 양의 설탕을 팔 수 있어 큰돈을 벌었다. 노예들은 열악한 환경에서 고된 노동을 견뎌야 했으며, 설탕으로 인한 막대한 이익은 오로지 노예의 주인인 백인만이 누릴 수 있었다.

노예로 만들어 자신들의 돈벌이로 전락시켰다.

아메리카에 진출한 유럽 사람들은 당시 유럽에 팔면 돈이 되는 설탕을 많이 생산하기 위해 사탕수수 재배 지역을 확대했다. 다 자란 사탕수수를 베어 작은 크기로 자른 뒤 이를 큰솥에 넣고 끓여 설탕을 추출하는 과정이나 이때 열을 내리고 필요한 땔감을 구하는 일은 모두 사람이 했다. 당연히 일손이 많이 부족했다. 원주민에게 이러한 일들을 시켰지만 고된 노동과 여러 질병에 취약해서인지 생산 일정이 늦어지는 경우가 많았다. 그래서 노예무역상에게 설탕으로 값을 지불하고 흑인노예들을 사와 투입하기 시작했다. 영국의 노예상인들은 이들이 생산한 설탕을 대가로 받아와 유럽에 팔아 치우면서 막대한 이익을 남겼다.

설령 신대륙에서 흑인노예들이 팔리지 않더라도 노예상인들은 걱정하지 않았다. 영국에서도 수요는 충분했기 때문에 살아만 있다면 데려와서 팔면 그만이었다.

호킨스는 삼각무역으로 많은 돈을 벌자 사략질로 악명 높았던 6촌 동생 드레이크를 데리고 다니며 기초부터 철저하게 가르쳤다. 드레이크가 에스파냐의 무적함대를 격파한 뒤에는 영국의 노예무역이 본격화된 시점이었기 때문에 그는 사략질을 포함한 다양한 방법으로 영국의 성장을 이끌었다고 볼 수 있다.

　영국이 '신사의 나라'라고 알려졌지만 실제로는 자신들이 저지른 치부를 감추기 위한 치장일 뿐이다. 특히 노예무역과 사략질 같은 범죄가 국가 차원에서 계획되고 진행되었다는 사실은 해로운 아편의 수입을 막은 청나라에 대해 벌인 아편전쟁과 더불어 대영제국의 추악한 민낯을 고스란히 보여준다. 영국에게 있어 해상 강국으로 발돋움하던 시절의 모습은 숨기고 싶은 과거다. 당시 영국 왕실을 비롯한 지배층과 영국이라는 나라 자체가 바다의 폭력 조직이자 오늘날의 표현을 빌리자면 '악의 축'이었다. 오로지 이익만을 좇던 젠트리다움이 묻어나는 영국은 예나 지금이나 여전하다. 특히 최근의 글로벌 금융 환경에서는 민폐가 심각하다.

　산업혁명 시기가 되면서 노예무역 거래는 더욱 급증했다. 노예가 영국 산업이 발전하는 데 노동력을 제공하는 중추적인 역할을 담당했기 때문이다. 게다가 노예무역은 재정수입의 3분의 1을 차지할 정도였기 때문에 영국으로서도 노예무역을 포기하기 쉽지 않았다. 또한 임금을 줘야 하는 노동자와 다르게 노예는 생존에 필요한 최소한의 욕구만 해결해주면 되었다. 그래서 값싼 인건비에 눈이 먼 자본가들은 노예제도 폐지를 결사반대했다.

세상을 피와 달콤함으로 물들이다

──────── **윌리엄 터너, 〈노예선〉, 1840년**　　터너는 인간의 존엄성보다 경제적
이익을 앞세웠던 악명 높은 종호 사건을 배경으로 이 그림을 그렸다.
이 사건이 알려지면서 여론의 거센 비난이 일었고 노예무역에 대한
폐지 운동으로 이어졌다. 그리고 마침내 1807년에 노예무역 폐지법
이 제정되었다. 하지만 실제로는 1840년까지 노예를 사고파는 일이
계속되었다. 그러자 사회문제에 관심이 많았던 터너는 당대 현실을
고발하기 위해 이 작품을 발표했다.

자본가들은 종호 사건이 발생하자 로비를 통해 언론을 입막음했다. 실제로 언론은 돈 앞에 무릎을 꿇었고 이 사건에 대한 1차 재판이 열렸을 때 단 한 곳의 신문사에서만 보도했다. 하지만 재판이 길어지자 암암리에 영국 시민들 사이에서 이와 관련된 이야기가 퍼져나갔다. 사건이 발생한지 18개월이 지난 뒤에야 언론에서도 본격적으로 다루기 시작했다.

　　여기에는 그랜빌 샤프Granville Sharp 같은 인권운동가의 노력도 있었다. 그 외에도 인권에 깨어 있는 사람들이 종호 사건에 대해 인식하기 시작하면서 노예제에 대한 사람들의 의식에 변화가 일어났다. 또한 이 사건으로 삼각무역의 폐단과 중간착취의 횡포 등이 알려지면서 노예제도를 폐지하자는 여론이 형성되었다. 이러한 움직임은 사회적으로도 계속 이어져 결국 1807년 노예무역을 금지하는 법안이 영국 의회에서 통과되었다. 1833년 7월 26일에는 노예제도를 폐지하는 법안까지 통과되면서 인간의 존엄성을 해치던 흑인노예제도가 공식적으로 사라졌다.

# 네덜란드 경제를 뒤흔든 튤립버블

## 세계 최초의 버블

'사람 팔자 아무도 모른다'는 우스갯소리가 있다. '언제 개천에서 용 나듯 성공할지, 언제 나락으로 떨어질지 모른다'는 의미다.

이 말에 꼭 어울리는 사례가 있다. 그런데 사람이 아닌 꽃이기 때문에 '꽃 팔자 아무도 모른다'는 표현이 더 적합할지도 모르겠다. 그 주인공은 바로 튤립이다.

튤립은 터키어로 '라레Lâle'라고 한다. 튤립이 터키와 네덜란드의 국화이기 때문에 이 나라들이 원산지라고 생각하

기 쉽지만, 실제로는 중앙아시아의 톈산산맥이 원산지다. 십자
군전쟁 이후 터키에서 품종개량이 이루어졌고 이후 16세기에
네덜란드 상인이 육성한 원예종이 등장한 것으로 알려졌다.

신성로마제국의 언어학자이자 외교관 오기어 기스랭
드 뷔스베크Ogier Ghislain de Busbecq가 오스만의 수도 콘스탄티
노폴리스에서 대사로 일하다가 본국인 신성로마제국으로 귀
국할 때 튤립 구근을 빈으로 가져간 뒤 황제 페르디난트 1세
Ferdinand I 정원에 튤립을 심었다고 한다. 당시 정원 가꾸는 일
에 심취해 있던 귀족들이 신기한 모양을 한 이국적인 튤립에
빠져 구근을 분양받아 심기 시작했다.

네덜란드에는 1593년경 레이던대학의 식물학자인 카
롤루스 클루시우스Carolus Clusius가 튤립을 전파했다. 클루시우
스는 전 세계 식물의 표본을 채집해달라는 의뢰를 받았다. 이
를 위해 식물 표본실을 만든 뒤 다양한 종의 식물을 심었다. 이
때 네덜란드 기후에 맞게 튤립 품종이 개량됐는데, 단색보다는
두 가지 이상의 색깔이 무늬를 이룬 품종이 큰 인기를 끌었다.

네덜란드 사람들은 이국적인 모습과 뚜렷한 색상을
가진 튤립에 많은 관심을 보였다. 희소성이 컸던 '깨진 튤립
broken tulip'이라는 별칭의 튤립이 특히 인기를 끌었다. 이에 대
해 20세기 연구가들은 진드기가 옮기는 바이러스에 걸린 튤립

이었을 것이라고 추측했다.

여기서 잠시 시장가격이 형성되는 메커니즘을 떠올려 보자. 사려는 사람은 많지만 공급이 제한적이면 가격은 오를 수밖에 없다. 이런 경제 원리가 튤립에 적용되었다. 깨진 튤립을 키워내는 것은 까다로웠기 때문에 수요량을 맞출 수 없었고 그 결과 비싸게 거래되었다. 게다가 오스만제국의 술탄이 희귀한 색의 튤립 구근을 비싼 값에 구하고 있다는 헛소문까지 돌면서 수요가 폭발적으로 증가하는 기이한 현상마저 발생했다. 당시 가장 비싸게 거래되었다고 알려진 튤립 품종은 '영원한 황제'라는 뜻의 '셈페르 아우구스투스Semper Augustus'였다. 1637년에는 구근 하나에 5,500길더 선에서 거래되었는데, 환율에 따라 차이는 있지만 지금의 화폐가치로 약 2억 원이 넘는 액수다.

구근은 시기에 따라 값어치가 달라 교환되는 비율 차이는 있었지만 금과 은 같은 통화로 교환되었음은 물론이고 집을 사거나 밀가루, 호밀, 소, 양, 비어, 와인, 버터 같은 재화와의 교환이 가능해지면서 결혼 지참금으로도 사용되었다. 튤립으로 일상생활에서 사용하는 재화를 거래하게 되자, 튤립 가격은 더욱 치솟았고 결국 광풍에 가까운 투기 현상이 일어났다.

앞서 여러 차례 언급한 대로 가뜩이나 이윤에 밝았던

**〈17세기에 그려진 셈페르 아우구스투스〉**　지금 봐도 아름답지만 당시에는 이국적인 모습에 더욱 큰 인기를 누렸다.

암브로시우스 보스하르트, 〈창가의 꽃병〉, 1618년   17세기 네덜란드
에서 실물 튤립이 비싸게 기래되자 튤립을 그린 정물화노 큰 인기를
끌었다. 소수의 귀족과 부자 들은 유명 화가들에게 초상화를 의뢰해
그릴 때, 자신들의 부를 과시하기 위해 튤립을 소품으로 쓰기도 했다.

네덜란드 사람들은 튤립이 높은 가격에 거래되자 튤립을 한 번도 본 적 없는 사람들까지 거래에 뛰어들었다. 처음에 튤립 구근은 파종 시기에만 거래되었다. 하지만 튤립이 큰 인기를 끌자 땅속에 있는 구근까지 거래되기에 이르렀다. 다시 말해, 실물 튤립이 아니라 튤립 구근을 구입할 수 있는 권리가 거래되기 시작한 것이다. 미래의 일정한 날짜에 정해진 조건에 따라 특정 상품을 거래할 것을 지금 시점에서 약속하는 계약을 '선물계약'이라고 하는데, 이러한 혁신적인 금융기법을 17세기 네덜란드 사람들이 구사하고 있었던 것이다. 결국 튤립 거래는 투기성으로 변질되었고, 집과 토지를 담보로 구근을 구입하는 등 과도한 매매가 성행할 만큼 당시 네덜란드 사람들은 비정상적일 정도로 튤립에 빠져 있었다.

한동안 유지되던 수요가 점차 줄자 튤립 투기의 과열 현상이 수그러들었다. 1634년부터 시작된 과열 투기 양상은 구근을 사려는 사람보다 팔려는 사람이 많아지면서 점차 하락세를 보였다. 1637년 시장은 일시적인 하락이 아니라 결국 붕괴했다. 가격 폭락에 대한 공포심이 점점 확산되면서 너도나도 튤립 매도에 나섰고, 그 결과 튤립 가격은 눈 깜짝할 사이에 100분의 1로 떨어졌다. 튤립 가격의 오름세가 가팔랐던 만큼 내림세도 가팔랐다. 폭락으로 많은 이가 돈을 잃었다. 다시 반

—————— 얀 브뤼헐, 〈튤립버블에 대한 풍자화〉, 1640년   선물계약이 튤립 거
래와 만나면서 역사상 최초의 버블을 낳았다. 당시 튤립버블에 휩쓸
린 사람들을 풍자하는 그림들이 많이 그려졌는데, 그중 하나가 이 작
품이다. 얀 브뤼헐은 탐욕에 현혹되어 튤립버블에서 허우적거리는
사람들을 원숭이에 빗대어 비꼬았다. 검은 옷차림의 장례 행렬은 투
자 실패로 생을 달리한 원숭이로 보이며, 화단에 핀 튤립을 보여주며
사기를 치는 원숭이도 눈에 띈다. 튤립버블은 네덜란드가 그동안 쌓
았던 부의 일부가 사라지는 상황을 만들었다. 이로 인해 거래가 줄어
들면서 경기는 하강했고 한동안 침체를 겪었다.

등할 것이라 기대하며 떨어지는 칼날을 잡았던 사람들은 떨어지는 칼날과 함께 벼랑으로 떨어졌다. 이는 단순히 가격이 떨어지는 것으로 끝나지 않았다. 네덜란드 경제는 만성 디플레이션에 빠졌고, 자산시장 전체가 왜곡되고 시장이 혼란스러워지자 상공업에 종사하고 있던 많은 유대인이 영국으로 터전을 옮겨갔다. 이 때문에 당시 네덜란드가 쥐고 있던 유럽의 경제 패권은 영국에 넘어가게 되었다.

한편 이러한 광풍에 동참한 유명 인사 중에는 바로크 시대를 대표하는 예술가이자 당시 네덜란드에 살았던 렘브란트 판레인Rembrandt van Rijn도 있었다. 그는 그림을 그려 마련했던 집을 담보로 돈을 빌린 뒤 닥치는 대로 구근을 사들였다. 그의 기대와는 달리 시간이 지나면서 튤립 구근 가격이 급격히 낮아지는 버블 붕괴가 일어났다. 결국 렘브란트는 붕괴된 버블만큼 재산을 날려야 했고 한동안 가난하게 살아야 했다. 물론 꾸준한 작품 활동을 통해 어느 정도 재산을 다시 회복하기는 했지만 버블의 충격은 꽤 오래갔다.

거품이 빠지자 충격에서 벗어난 네덜란드 사람들은 더 이상 튤립을 투기의 대상으로 삼지 않고 관상용으로 대하기 시작했다. 튤립 본연의 아름다움에 빠진 네덜란드 사람들은 튤립을 재배한 뒤 이웃 도시와 나라에 팔았다. 그리고 튤립의 상품 가치를 높이기 위한 갖가지 방안을 모색하며 돈을 벌어들였다. 지금도 네덜란드에 가면 튤립을 재배하는 곳이 많이 눈에 띈다. 게다가 튤립이 오랫동안 꽃을 피울 수 있도록 품종개량을 한 덕분에 네덜란드는 튤립 최대 수출국으로 우뚝 서게 되었다.

# 자본주의시대의 시작을 알린 인클로저운동

## "양이 인간을 잡아먹다"

상남, 마초, 차도남의 괴팍한 이미지를 가진 영국의 절대군주 헨리 8세Henry VIII는 아라곤의 캐서린Catherine of Aragon이 후계자를 낳지 못한다며 이혼하려 했다. 하지만 이는 핑곗거리였을 뿐 실질적인 이유는 정치적, 경제적, 종교적 이해관계가 맞물린 탓이었다. 당시에는 결혼이나 이혼을 하려면 교황의 허락을 받아야 했다. 오죽하면 결혼보다 이혼이 더 어렵다는 말이 나올 정도였다. 교황 클레멘스 7세가 이혼을 허락하지 않자 헨리 8세는 독실한 가톨릭 신자였음에도 교황청과의 결별을 선언했다. 1534년 수장령을 내려 로마교황청으로부터 독립한 뒤, 수도원을 폐쇄하고 교회의 재산과 토지를 모두 몰수해버렸다. 당시 수도원이 잉글랜드와 웨일스에만 토지 6분의 1을 소유하고 있었으니 엄청난 토지가 영국 왕실의 국고로 귀속된 것이었다. 덕분에 왕실 재정을 확충할 수 있었고 잠시였지만 영국의 재정적인 숨통이 트였다.

시간이 흘러 영국이 영토를 확장하는 과정에서 주변 나라들과 전쟁을 치렀는데 이때 조세로 자금을 확보하기보다 교회로부터 몰수한 토지를 젠트리에게 헐값에 팔아넘기면서 전쟁에 필요한 돈을 확보했다. 이는 후대의 여러 왕들도 마찬가지였기 때문에 왕실이 땅을 팔수록 국가재정은 점점 궁핍해질 수밖에 없게 되었다. 반대로 소유하는 토지가 늘어나면서 재정적 기반을 확보한 젠트리는 의회로까지 진출해 자신들의 의견을 개진하며 정치적인 힘을 비축해나갔다. 17세기부터 젠트리는 의회를 장악하고 왕실에 맞설 정도로 세력을 키워나가는 등 점차 유력한 지배층으로 자리매김했다.

이러한 정치적, 경제적 힘을 기반으로 인클로저운동을 일으킨 것도 젠트리였다. 중세 유럽 경제는 장원제도에 의해 운영되었기 때문에 집에 딸린 작은 텃밭을 제외하면 토지 공개념에 대한 인식이 강했다. 관습에 따라 장원을 돌려짓기했고 가축의 분뇨로 지력을 회복하기 위해 휴경지나 수확을 마친 땅에는 가축을 방목했다.

앞서 이야기한 것처럼 전 유럽을 휩쓴 페스트로 인구가 감소하자 곡식 수요도 줄어들면서 곡식 가격이 하락했다. 그 결과 봉토를 지배하던 영주의 수입도 줄어들었다. 영주들은 감소한 수입을 보전하고, 부족해진 노동력으로 휴경지가 늘어남에 따라 그곳에 방목하는 가축의 수도 더욱 늘려나갔다. 여러 환경의 변화로 농작물을 재배했을 때보다 가축을 방목했을 때 얻을 수 있는 이익이 많아지면서 목축지는 늘어나고 농경지는 더 줄어들었다. 영주들은 재산으로서 가치가 높아지던 가축을 키우기 위해 공유지에 울타리를 설치하고 영역을 표시해 자신의 개인 소유지로 만들었다. 새로운 지주로 성장한 젠트리도 수입을 올리기 위해 이들과 같은 행동을 취하며 울타리 안으로 타인의 출입을 막았다.

1500년대에 들어 인구수가 늘어나기 시작했다. 식량 확보를 위해 가축 방목을 줄였다면 인클로저운동은 끝이 났겠지만 같은 면적에서 다른 작물보다 2~4배의 양이 생산되는 감자가 혜성처럼 등장하며 인클로저가 계속될 수 있는 동력이 되었다.

18세기에 대기근이 유럽을 휩쓸기 전까지는 대부분의

국가에서 소규모로 감자를 재배했지만 영국만큼은 달랐다. 원하는 수확량을 얻기 위해 처음에는 전체 인구의 절반이 감자 농사에 뛰어들어야 했지만, 새로운 농법의 개발과 기술 발전 덕분에 적은 수의 인력과 적은 면적의 땅만으로도 당시 영국의 인구를 먹여 살릴 수 있는 적정 감자 생산량을 유지할 수 있게 되었다. 그 결과 잉여 노동력이 발생했고, 경작하지 않아도 되는 토지가 늘어나면서 휴경지는 방목지로 사용되었다. 일자리를 잃은 잉여 인력은 돈을 벌기 위해 도시로 갔다. 도시 노동자의 수가 증가하면서 임금이 하락했다. 자본가들은 값싼 노동력으로 가격경쟁력을 높이고 막대한 이익을 창출할 수 있게 되었다.

결국 인클로저운동으로 라티푼디움에서 장원제로 이어지던 유럽의 토지제도는 변화를 맞이했다. 물이 물고기의 공유물이듯 봉건체제하에서 지배층과 피지배층 간의 공유물 개념이 있었던 토지가 '울타리' 하나로 인해 소유 개념으로 바뀐 것이다.

게다가 생산성 증대로 농경지를 휴경하는 경우가 늘자 이는 방목지의 증가로 이어졌다. 농경지가 줄어들자 농경지가 줄어들자 농촌에서 도시로 떠나는 유랑민이 증가했다. 이로 인한 치안 문제까지 생겨나면서 왕실은 골치를 앓았다.

귀족과 젠트리는 농경지를 방목지로 바꿔 더 큰 이익

——————— 아이작 반 스와넨뷔르흐, 〈양털 손질하는 사람들〉, 1595년    양모는
면화보다 무거웠지만 추운 북유럽에서는 양모로 만든 옷이 추위를
이겨내는 데 도움이 되었다. 13세기부터 시작된 양모 가격의 상승은
17세기 중반까지 지속되었다. 오랜 기간 가격이 떨어지지 않자 당시
사람들은 큰돈을 벌기 위해 농경지를 줄이고 양을 기를 수 있는 목장
을 설치하기 시작했다.

을 취하려 했고, 왕실은 조세와 군역의 의무를 짊어졌던 농민들의 이탈을 막으려고 했다. 서로 원하는 바가 다르다는 사실은 영국 왕실에 불어닥칠 피바람을 예고하고 있었다. 이들의 갈등은 앞서 살펴본 찰스 1세 때 극에 치달아 청교도혁명이라고 널리 알려진 영국 내전이 일어나기도 했다. 청교도혁명의 결과 찰스 1세는 목이 잘리는 비운을 맞이했다.

귀족과 젠트리는 왕을 죽음으로까지 내몰 만큼 인클로저운동에 목을 맸다. 왜일까? 그들이 방목하며 주로 기르던 가축은 돼지나 닭, 양이었다. 그중에서도 양을 주로 길렀다. 영국이 양을 키우기에 적합한 자연환경인 까닭도 있었지만 13세기부터 양털 가격이 상승한 덕분에 모직의 재료인 양털(양모)을 팔았던 귀족과 젠트리가 많은 돈을 벌었기 때문이다. 결국 양으로 인한 경제적인 이익을 원했던 귀족과 젠트리 때문에 왕이 목숨일 잃는 상황까지 만들어졌던 것이다. 그러니 청교도혁명은 자본의 이기적인 모습을 보여주는 대표적인 사례라고 할 수 있다. 귀족과 젠트리는 공동의 이익을 만들어냈던 휴경지를 자신들의 경제적 이익을 창출할 수 있는 사유지로 만들었다. 공동재산마저 사유화되어가는 현상이 지속되면서 기울어진 운동장의 기울기가 더 커지는 계기가 되었다. 빈부의 격차가 커지면서 사회적인 문제로까지 대두되었다.

귀족과 젠트리는 모직 산업을 통해 많은 돈을 벌었다. 막대한 자본을 축적한 이들은 도시로 모여든 '전직 농부'에게 농사가 아닌 공장에서 새로운 노동을 시키고 급여를 지급했다. 도시에서 새로운 생산 활동에 참여하게 된 근로자들은 지급받은 급여로 식량과 생활에 필요한 재화를 구매했다. 인클로저는 단순한 사회적 변화가 아닌 우리가 사는 현대 자본주의사회의 시발이 되는 분기점이었다. 어쨌든 인클로저로 자본을 축적한 젠트리는 19세기에 산업혁명이 본격화되자 축적된 자본의 힘으로 산업을 지배하기 시작했다. 그들은 막강한 경제력을 바탕으로 새로운 기술 개발에도 아낌없이 투자했다.

　　자본가들은 근로자의 잉여가치를 최대한 (착)취하기 위해 골몰했다. 문제는 자본의 특성상 착취에서 멈추지 않았다는 점이다. 그들은 외부로 눈을 돌려 다른 나라를 침략해 또 다른 착취와 수탈을 낳았다. 대영제국이라는 그럴듯한 포장 안에서 무자비하게 자행된 그들의 수탈은 자본주의의 어두운 그림자였다.

# 아편으로 역전된
# 동서양의 경제 지위

## 영국,
## 무역적자를 해소하기 위해 최악의 수를 두다

셰익스피어의 명작 중 하나인 『햄릿』에 나오는 여주인공 오필리아의 비극을 그림으로 구현한 많은 예술가가 있었지만, 그중에서도 존 에버렛 밀레이John Everett Millais의 〈오필리아〉가 단연 최고라 생각한다. 물에 반쯤 떠 있는 상태에서 먼 곳을 응시하는 듯한 그녀에게서 초연함, 공허함 같은 것이 느껴진다. 이 작품은 셰익스피어의 소설에서 영감을 받은 것이지만 그림 속 실제 주인공은 19세기 런던 예술가들의 뮤즈로 알려진 엘리자

——————— 존 에버렛 밀레이, 〈오필리아〉, 1851년경　　　영국 예술가들의 뮤즈였던 시달이 모델로 등장해 유명해진 작품이다. 그녀는 무명 화가이자 애인인 로세티의 모델을 해주곤 했다. 로세티가 유명세를 얻으면서 온갖 치정 문제를 일으키자 정서불안에 빠진 그녀는 일상의 고통에서 벗어나기 위해 아편을 시작했다. 임신 상태에서도 아편을 복용하다가 유산하게 되는데, 이때 큰 충격을 받아 정신이상에 걸리고 말았다. 그녀의 정신적 고통이 심해질수록 복용하는 아편의 양도 늘어만 갔는데 결국 아편 과다 복용으로 목숨을 잃고 만다.

베스 시달Elizabeth Siddal이었다. 그녀는 파란만장한 삶을 뒤로 하고 32세라는 젊은 나이에 세상을 떠났다. 힘든 현실에서 벗어나고자 과다 복용했던 아편이 문제였다. 지금은 아편이 금지 약물로 지정되었지만 당시에는 구하기 쉬운 진통제이자 환각제였다.

고대부터 아편은 진통제로 많이 사용되다가 환각효과를 일으킨다는 사실이 알려지면서 18세기경부터는 환각제로 더 많이 쓰였다. 그럼에도 아편중독이 사회문제로 대두되지 않았던 것은 당시 영국 사회에 만연해 있던 알코올의존증이 마약보다 위해성 면에서 더 시급한 문제로 다뤄졌기 때문이다.

영국에서는 아편을 술에 일정 기간 넣어 우려낸 '로더넘laudanum'이라는 아편 드링크를 신약이라며 팔았다. 로더넘은 대히트를 쳤고, 당시 사람들은 온갖 병에 걸리더라도 일단 로더넘부터 찾았다. 그렇게 자신도 모르게 아편에 중독되어 간 것이다. 당시 의사들도 환자들에게 로더넘을 곧잘 처방하곤 했다. 19세기 영국 사회가 얼마나 아편에 중독되어 있었는지는 영국의 소설가이자 수필가인 토머스 드퀸시Thomas de Quincey가 1822년에 내놓은 『어느 영국 아편 중독자의 고백』에 잘 그려져 있다. 이 책은 그가 옥스퍼드대학 재학 때부터 기분 전환용으로 복용하기 시작한 아편을 끊기 위해 어떤 고통을 감내해야 했는지를 써 내려간 비장한 기록이기도 하다. 이 책을 보면 우는 아이를 달래기 위해 아편을 처방하던 당시 영국 사람들에게 아편 수입을 금지하고 밀무역으로 반입된 물량은 몰수해 불태우던 청나라가 어떻게 비쳤을지 알 만하다.

당시 영국 사람들은 온갖 것에 중독되어 있었다. 그중 하나가 중국산 차였다. 커피하우스에 출입하지 못한 여성들이 커피가 아닌 새로운 즐길거리를 찾아다니다가 만난 것이 차였다. 차에는 소량이기는 하지만 중독을 일으키는 타닌과 카페인이 들어 있다. 영국 여성들은 17세기 네덜란드 동인도회사를 통해 들여온 차가 주는 맛과 향에 흠뻑 취해 있었다. 이에 영국은 중국과 직접 교역해 더 많은 이익을 남기려고 했다. 18세기 중국 청나라는 광저우에 한해 공행(외국과의 무역을 독점했던 관허 상인 혹은 그들이 결성한 조합)을 통해서만 대외무역을 하도록 했다. 중화사상으로 인해 대외무역은 대등한 관계가 아닌 조공 관계의 형식으로 이루어졌다. 1704년 영국 동인도회사가 광저우에서 340톤의 차를 거래하는 것으로 두 나라 간의 공식적인 무역이 시작되었고, 1717년부터는 영국 내 늘어나는 차 수요에 공급을 맞추기 위해 정기적인 교역을 시작했다. 차 소비가 증가하면서 차의 잔향이 남지 않는 중국 자기瓷器, 일명 본차이나bon china의 소비도 덩달아 늘어났다.

영국은 중국에서 차를 사들이고 은으로 지불했다. 당시 중국이 대외무역에서 은으로 거래했기 때문이다. 영국이 중국에 파는 물건이 거의 없다시피 한 상태에서 차 수입량이 가파르게 성장한다는 것은 무역수지 적자의 가파른 상승을 의미했다. 그나마 위안 삼을 만한 점은 직교역인 덕분에 중개수수료가 안 나간다는 것이었다.

영국은 백년간 이어진 대중국 무역적자를 해소하기 위해 대책을 강구해야 했다. 그 대책은 인도산 아편을 중국에 밀매하는 것이었다. 당시 중국은 1729년부터 아편에 대한 제재를 가하고 있었다. 그래서 영국의 동인도회사도 이런 조치에 따라 중국에 아편은 교역하지 않았고 아편 밀무역에 관여하는 직원의 일탈도 허락하지 않았다. 하지만 갑작스럽게 인도를 통치하게 되면서 그로 인해 발생하는 통치 비용을 마련하기 위해서는 기존과 다른 새로운 방법을 내놓아야 했다. 발등에 불이 떨어진 영국 동인도회사는 신사의 품위와 자존심보다 현실에서 필요한 물질적 요인을 선택했다. 그 결과 인도에서 재배된 아편은 이런 영국의 경제적 상황을 타개하기 위한 수단으로 밀무역을 통해 중국으로 퍼져나갔다.

영국의 치밀한 작전으로 중국 사람들은 서서히 아편에 중독되어갔다. 아편은 청 황실은 물론 고위 관료, 군인, 민간에까지 파고들었다. 청나라가 아편을 사들이는 양이 증가함에 따라 많은 양의 은이 중국을 빠져나갔다. 문제의 심각성을 인지한 청 황실이 1798년 아편 밀수입과 금지령을 내리지만 중독자들은 법마저 무시했다. 금단현상에 시달리던 사람들은 불법적으로 아편을 거래했다. 아편 거래에 대한 처벌 수위가 강화되면서 아편을 구하는 것이 어려워지자 아편 가격은 치솟았다. 값이 오르자 더 큰 이익을 얻으려는 이들이 아편의 수입량을 적극적으로 늘렸다. 그 결과 영국의 이익이 급증했다. 1817~1833년까지 영국 동인도회사가 중국에 수출해서 얻은 무역 이익에서 아편과 그 외 품목 비율은 3 대 1일 정도로 아편의 무역량이 절대적으로 많이 차지했다.

아편은 두 나라의 무역 불균형을 초래했을 뿐만 아니라 많은 중독자를 양산해 청나라의 사회적 문제와 혼란까지 야기했다. 자신도 아편에 중독되었다가 겨우 빠져나온 청의 황제 도광제는 누구보다도 문제의 심각성을 가장 잘 알고 있었다. 하지만 조정의 수뇌부 인사들까지 아편에 중독된 상황에서 이 문제를 해결하기란 쉽지 않았다. 이에 도광제는 아편으로 동생을 잃은 임칙서를 광저우로 파견했다. 임칙서는 광저우에 정박해 있던 영국 선박에서 아편을 모두 몰수해 불태워버리는 조치를 단행했다.

영국은 이 같은 행동을 자국의 이익을 침해하는 것으로 간주해 무력 대응하기로 결정했다. 하지만 전쟁을 치르기 위해서는 많은 비용이 들어갔기 때문에 예산에 대한 결정권을 가지고 있는 의회에서 표결로 통과되지 않으면 전쟁을 수행할 수 없었다. 하원에서는 논쟁이 계속되었다. 워털루전투의 명장 아서 웰즐리Arthur Wellesley 같은 사람은 전쟁을 찬성했지만 반대의견도 못지않았다. 영국의 불명예를 걱정하며 청나라와의 전쟁을 통렬히 비판하는 윌리엄 글래드스턴William Gladstone의 연설에도 불구하고 개전을 위한 예산 표결에서 찬성 271 대 반대 262, 불과 9표 차이로 신사의 나라를 표방하는 영국은 역사상 가장 더러운 전쟁을 시작했다. 이 전쟁이 바로 아편전쟁이고, 자본주의가 발전하던 영국에서 인간의 욕망이 어디까지 추악해질 수 있는지를 보여주는 역사적 사건이기도 하다. 또한 다수를 위한 제도인 민주주의가 소수의 부자와 자본주의에 굴종한 사건이었다.

열강들의 이목을 받았던 전쟁은 청나라가 거대한 종이호랑이였다는 사실만을 세계에 확인시켜주며 청의 위신을 추락시켰고 영국의 승리로 끝이 났다. 정의롭지 못한 데다 명분도 없는 전쟁이었지만 결국 정의롭지 못한 영국이 승리한 것이다. 두 나라는 1842년 8월 29일에 난징조약을 맺었는데, 사실

──────── 〈난징조약 체결〉　　중국이 서양과 맺은 최초의 불평등조약으로, 이
조약으로 영국은 홍콩을 할양받았으며 최혜국대우와 같은 각종 이권
을 보장받게 되었다. 하지만 난징조약에 큰 기대를 걸었던 영국의 예
상과 달리 실질적인 경제적인 효과를 거두지는 못했다. 그런 와중에
1856년에 애로호사건이 일어나자 영국은 이를 꼬투리 삼아 제2차
아편전쟁을 일으켜 중국 내륙에까지 경제침투를 꾀했다.

상 불평등조약이었던 이 조약은 중국 반식민지화의 발단이 되었다. 만천하에 들통난 청나라의 모습에 그동안 먹이를 향해 조심스럽게 접근하던 서구 열강들은 발톱을 드러내며 수많은 이권을 차지하기 시작했다.

난징조약을 통해 영국이 챙긴 가장 큰 경제적 실익은 '동양의 진주'라고 불렸던 '홍콩'을 할양받으면서 아시아 진출을 위한 교두보를 확보한 데 있었다. 영국은 홍콩을 아시아 무역의 거점으로 삼은 뒤 아시아 금융시장의 허브로 성장시키며 홍콩의 부가가치를 확장해나갔다. 영국은 홍콩을 100년간 실효적으로 지배하면서 많은 경제적 실익을 얻었다.

당시 해가 지지 않던 대영제국에게 있어 해는 아편이었다. 인도에서 생산한 아편은 두 가지 경제적 효과를 가져왔다. 아편을 중국에 팔면서 식민지 인도의 GDP가 상승했으며, 중계무역을 담당한 영국 동인도회사는 막대한 이익을 챙겼다. 청나라의 고혈은 은이 되어 아무리 먹어도 배부른 줄 모르는 영국의 입속으로 들어갔다. 아편전쟁 당시 영국의 외무부 장관이었던 파머스턴Henry John Temple Palmerston 자작의 말처럼, "국가 간에 영원한 우방은 없으며 오직 영원한 이해관계만이 존재할 뿐"이었다.

하지만 잘 알다시피 마약중독의 끝은 파멸뿐이다. 아

편으로 영원한 부를 누리며 꿈 같은 순간에서 영원히 깨지 않을 것 같던 영국도 더 취해 있지는 못했다. 아편을 팔아넘길 수 있는 식민지를 더 이상 확보하지 못했기 때문이다. 아편이 가져다준 꿈에서 깨어난 해는 수직 하강하며 사라졌고 영국의 영광은 더 이상 재현되지 않고 있다.

## 홍콩식 자본주의의 탄생

돈을 벌기 위해 중독성 물질 아편을 자국민에게 방임했던 나라 영국. 아편의 폐해를 알면서도 자국의 이익을 위해 정부 주도하에 다른 나라에 아편을 판매하며 가면 뒤에 비신사적인 모습을 감추었던 나라 영국. 부정한 이익을 침해당하자 부끄러워하기보다 이를 유지하고자 다른 평계를 끌어와 전쟁을 할 수 있도록 승인한 의회를 보유한 영국.

　아편 때문에 청나라와 전쟁을 벌였던 당시의 영국을 지금의 영국은 가장 치욕스러운 역사로 기억한다. 아편전쟁은 고삐 풀린 자유와 끝없는 이익을 추구한 영국의 천박한 자본주의를 여실히 보여주는 사건이었다. 청나라는 아편으로부터 백성을 보호하기 위해 정당한 행동을 했음에도 열강의 힘의 논리에 무너지며 혹독한 뒷감당을 치러야 했다.

아편전쟁은 국제 관계에서 정의와 진리는 존재하지 않는다는 것을 가장 명확히 보여준 사건이기도 하다. 지금도 국제사회에서는 힘의 논리가 우선시된다. 힘 있는 나라들은 정치적 명분을 확보하고자 국제기구들을 만들어 정의가 실현되는 것처럼 꾸몄지만 세상은 여전히 힘에 의해 지배되고 있다. 국제기구를 실질적으로 움직이고 있는 것은 강대국들이며 그 나라들의 목소리에 따라 약소국의 운명이 좌우되기도 한다. 아편전쟁과 같이 직접적으로 무력을 사용한 전쟁은 일어나고 있지 않지만, 경제력이나 외교력을 수단으로 해 약소국을 압박하는 식의 힘에 의한 지배 방식은 지금도 계속되고 있다.

아편전쟁에서 승리한 영국은 전리품으로 얻은 홍콩과 주룽반도 일대를 자유무역항으로 지정했다. 홍콩은 아시아와 태평양 진출을 위한 교두보이었기에 영국은 투자를 아끼지 않았다. 홍콩의 지정학적 여건을 최대한 활용하기 위해 영국은 사회간접자본을 적극적으로 투입했다. 1887년 이후 간척사업으로 67제곱킬로미터의 땅을 넓히는가 하면 육상교통에 필요한 도로와 다리를 비롯해 해상교통의 활성화를 위한 항만 건설과 준설 작업 등에도 많은 자본을 쏟아부었다.

한편 1854년 일본, 1876년 조선이 순차적으로 개항하면서 홍콩의 지리적 위치는 더욱 중요시되었다. 홍콩은 무역항뿐만 아니라 자본이 움직이는 데에도 유리한 조건을 갖추고 있었다. 무역을 통해 발생하는 이익과 거래에 필요한 자본이 오가면서 홍콩은 동아시아 금융의 허브로 자리를 잡아갔다. 유럽 열강들은 동아시아와 인도차이나, 인도를 연결하는 무역에서 발생한 이익을 본국으로 가져가지 않고 홍콩에 두기 위해 은행을 세웠고, 무역과 관련한 자금을 중개하는 회사들이 하나둘씩 설립되면서 홍콩은 무역항을 넘어 동아시아 금융산업의 중심지로 주목받게 된다. 1891년 세워진 증권거래소는 중계무역과 기업들의 활발한 수출로 자본이 몰리면서 더욱 성장해 오늘날 홍콩의 부를 상징하는 곳으로 자리를 잡았다. 2020년 기준으로 거래소의 시가총액은 세계 5위 수준의 규모이고 아시아에서는 상하이거래소와 도쿄거래소에 이어 세 번째 규모를 자랑한다. 참고로 우리나라는 세계 13위, 아시아 7위에 랭크되어 있다.

홍콩은 제2차 세계대전 중인 1941년 12월부터 1945년 8월까지 일본에 점령당했다가 일본이 무조건 항복하면서 다시 영국에 넘어갔다. 그 과정에서 국민당 정부와 영국 정부 사이에 홍콩을 두고 미묘한 갈등이 일어나지만 곧이어 발생한 국공내전으로 국민당 정부가 와해되면서 홍콩 문제는 흐지부지되었다.

　국공 내전으로 공산당이 권력을 획득하고 1949년 10월 1일에 마오쩌둥이 중화인민공화국을 선포하면서 홍콩의 산업구조가 재편되었다. 중국의 본토가 공산화되어가자 이를 피해 많은 인구가 홍콩으로 넘어왔다. 일자리를 필요로 하는 사람들이 많아지면서 자본가들은 값싼 노동력을 마음껏 쓸 수 있게 되었다. 그와 동시에 부호들의 이주로 그들이 가진 자본까지 홍콩으로 유입되면서 노동집약적인 섬유산업에 자본이 투자되었고, 이는 홍콩에 제조업이 자리를 잡고 성장하는 계기가 되었다. 1970년대 대규모 도시 개발이 이루어짐에 따라 엄청난 노동인구가 유입되어 노동집약적인 섬유산업이 각광받으며 우리나라 경제 성장의 근간이 되었던 것을 떠올리면 이해하기 쉬울 것이다.

　홍콩은 제조업이 성장하면서 수출산업을 통한 거시 경제적인 이익과 부를 기대할 수 있는 새로운 땅으로 변모했다. 1970년대 들어 중동 지역의 불안한 정세로 인한 석유파동으로 경제가 위축되고, 각국의 보호무역 확산으로 수출에 제약이 많아지면서 경제가 잠시 주춤하지만 위기를 기회로 삼아 경공업 위주의 산업구조에서 기술집약형산업으로의 전환을 꾀했다.

　1978년 12월 18일에 개최된 중국공산당 11기 중앙위원회 3차 회의에서 덩샤오핑은 개혁, 개방을 선언하고, 이듬해 1월 미국과 역사적인 공식 수교를 맺었다. 그 영향이 홍콩에도 미쳐 홍콩과 가까웠던 광둥성 선전시, 푸젠성과 경제협력을 시작했다. 당시 홍콩의 인건비가 상승한 탓에 많은 제조사가 이 지역들에 공장을 세웠다. 그 과정에서 생산 유발과 지역 경제의 활성화 등의 경제효과가 일어났다. 홍콩의 기술과 자본이 중국의 저렴한 노동력과 결합하면서 중국 본토와 홍콩은 동반성장을 하게 된다.

1997년 7월 1일, 영국이 중국에 홍콩으로 돌려주기로 한 날이 밝았다. 반환을 앞두고 공산주의 경제체제에 대한 우려로 홍콩의 많은 자본과 기술을 가진 인력이 해외로 유출되었다. 하지만 중국 정부가 1국 2체제를 50년 동안 유지하겠다고 공약한 덕분에 홍콩은 지금까지도 아시아에서 가장 자본주의적이고 자유로운 시장경제체계를 이루고 있다. 홍콩은 영국으로부터 이식된 자본주의 DNA를 훌륭하게 지키고 있으며, 그 과실을 이제는 중국도 적절히 즐기고 있다.

# 오늘날의
# 세계

2021년 3월 23일, 배 한 척이 좌초되면서 전 세계 물류의 한 축을 담당하는 수에즈운하가 막히는 일이 발생했다. 1869년 개통된 이래로 150년이 넘는 세월 동안 이 같은 사건은 전무후무했기 때문에 세간의 이목이 집중되었다. 3월 29일에 배를 인양하는 것으로 상황이 일단락되는 듯했지만, 사고 난 배 뒤에 대기하고 있던 367척의 배들이 모두 통과하고 운하의 운행이 재개되기까지는 더 많은 시간이 소요되었다. 이 기간 동안 제때 도착하지 못한 물류로 인해 비상 상황이 발생했다. 예상치 못한 상황에서 발생한 공급망의 차질로 재화의 공급이 중단되면서 원자재의 가격과 유가가 상승했고 세계 각국의 주식시장에서는 해당 사건의 '유불리有不利'로 인해 종목별로 상승과 하락의 희비를 만들어냈다.

일시적이었지만 세계경제의 일부가 멈추는 아찔했던 사건으로 긴 여운을 남겼다. 이는 세계의 경제가 얼마나 유기적으로 연결되어 있는지를 보여주는 사건이었다. 특히 많은 나라가 첨단산업의 발전으로 인해 대외의존도가 높고 국제화되어 있기 때문에 이 같은 예상치 못한 사고가 발생했을 경우에는 그로 인한 나비효과가 모습을 드러내며 커다란 파장을 낳기도 한다. 오늘날 세계는 이제 개별적인 객체가 아닌 공동체적인 요소가 많아지고 있다. 서로가 서로에게 구속하는 결과를 가져오면서 혼자만 잘나서는 성공할 수 없는 경제적 구조가 만들어지고 있다. 홀로서기가 힘들어지고 자유롭지 못한 상황이 앞으로는 더욱 강화될 것이다.

대항해시대 이후 재화에 대한 유럽의 욕심은 교역을 넘어서 식민 지배로까지 이어졌다. 유럽으로의 부의 쏠림 현상은 19세기 제국주의가 횡행하던 시대, 동남아시아 지역에 대한 열강들의 식민지 쟁탈이 더욱 가속화되는 계기가 되었다. 오늘날 대부분의 유럽 국가가 선진국으로 도약하고 경제적으로 풍요로울 수 있는 까닭도 이러한 역사를 통해서 확인할 수 있다. 유럽은 아시아와 아프리카, 남아메리카에 있었던 식민지를 착취, 억압하면서 빼앗은 부를 통해 막대한 이익을 약탈해갔다. 이렇게 오랜 시간 약탈해간 부가 밑바탕에 녹아 있었기에 오늘날의 유럽이 경제적인 풍요를 누릴 수 있는 것이다.

한편 유럽은 기계화와 분업화 덕분에 눈부신 경제성장을 이룩했다. 경제의 성장은 경제 규모를 키운다. 커져버린 경제 규모로 움직이는 유동성도 많아지게 된다. 문제는 지나친 유동성이 자산의 시장가격을 내재가치보다 급격하게 끌어올린다는 점이다. 사람들은 이 같은 버블이 오랫동안 지속될 것이라 생각하지만, 지나치게 상승한 자산가격은 언젠가는 제자리로 돌아가게 마련이다. 버블의 붕괴는 시장 시스템을 붕괴시킬 뿐 아니라 한 나라를 파멸로 이끌 수도 있다. '1929년 대공황'처럼 말이다.

버블 붕괴는 항상 있는 자보다는 없는 자에게 악영향을 준다. 대공황 시절 중산층은 몰락했고 배급을 받기 위해 무료 급식소 앞에 줄을 서거나 길에서 자는 사람은 널려 있었다. 이런 경제적인 격차를 줄이는 데 움직여야 할 금융 시스템의 영향력이 감소해버리면서 개인의 빈부 차 못지않게 국가 간의 빈부 격차도 커졌다. 국가들 간의 경제와 부가 한쪽으로 기울어지면서 부의 불균형에 불만이 많던 독일과 이탈리아는 부자

나라였던 영국, 프랑스, 미국 등을 상대로 제2차 세계대전을 일으켰다.

　제2차 세계대전은 오늘날 부의 흐름에 있어 굉장히 중요한 사건이다. 영국의 파운드화를 중심으로 소수의 유럽 열강이 지배하던 세계경제는 전쟁으로 많은 이득을 챙겼던 미국을 중심으로 재편되었다. 즉 금 1온스당 가격을 35달러에 고정시키고 달러화를 국제 결제통화로 쓰기로 합의하는 이른바 '브레턴우즈체제'가 탄생했다. 전쟁 물자를 공급하기 위해 세계의 공장이면서도 전쟁의 피해가 거의 없었던 미국의 달러화를 중심으로 새로운 경제질서가 만들어진 것이다. 금태환이 기본 상식이었던 시절, 종전 직전 전 세계 금의 70퍼센트 이상(1947년 기준, IMF)을 가지고 있던 미국으로 금융·경제의 축이 움직이는 것은 당연했다.

　미국 중심의 경제질서는 1970년대 석유파동으로 위기를 겪었다. 중동전쟁으로 석유 공급이 수요보다 부족해지면서 원유 가격이 폭등했는데, 석유파동의 여파로 물가가 크게 오르고 미국을 비롯한 여러 나라는 마이너스 성장을 보이는 등 세계경제가 패닉에 빠졌다. 미국이 정치적인 타결을 이끌어내면서 문제를 해결하기는 했지만, 이 사건으로 인해 원유가 그 어떤 화학무기보다 강하다고 인식하게 되었다.

이후 전 세계는 닷컴버블을 겪은 뒤, 2007년 '서브프라임 모기지 사태'라는 강력한 금융위기를 겪었다. 세계적인 금융사 리먼브라더스의 파산으로부터 시작된 이 사태는 금융회사들의 모럴 해저드에 대한 성찰을 요구했고 많은 국가가 시험대에 올랐다. 이후 금융시장에 공급된 유동성으로 자산가격이 상승하면서 인플레이션이 발생했다. 출구전략을 구사했음에도 이어지는 크고 작은 위기는 테이퍼링(양적긴축)을 어렵게 만들었다.

　　금태환이 사라지면서 달러의 담보는 금이 아닌 미국이라는 국가의 신용을 담보로 하게 된다. 이후 미국에서는 여러 국가와 기업 들의 신용평가를 중요한 평가지표로 사용하게 되었다. 이에 이를 평가하는 신용평가 회사들이 두각을 나타내기 시작했다. 미국은 금태환 없이도 달러의 패권을 유지하기 위해 '달러 인덱스'라는 새로운 가치 기준을 세계 금융시장에 들이댔다. 또 원유를 구입하기 위해서는 달러만 사용할 수밖에 없는 구조를 유지시키고 있다. 이러한 경제질서는 오로지 미국이라는 단 하나의 국가를 위해서만 유지되고 있다. 그리고 미국은 이란과 이라크를 본보기로 해 이를 어기면 어떠한 불이익을 당하는지 전 세계에 보여주었다. 지금도 여전히 금 보유량이 그 나라의 경제력과 어느 정도 직결되어 있지만, 전 세계 기축

통화인 미국의 달러 보유량이 얼마나 되는지가 각국의 신용을 평가하는 주된 기준이 되어버렸다. '2008년 금융위기'로 달러의 지위에 약간의 균열이 생겼지만 여전히 달러는 굳건히 자리를 지키고 있다.

한편 세계경제는 코로나19라는 생각지도 못한 팬데믹으로 다시 한번 위기를 맞이했다. 전문가들은 앞으로도 코로나19같이 인류가 경험해본 적 없는 전염병이 유행할 것이라 예측하고 있다.

예기치 못한 여러 변수로 세계경제가 불안정해지자 사람들은 새로운 자산에 눈을 돌리기 시작했다. 그중 하나가 가상자산이다. 가상자산은 이름 그대로 실제 시장에서 사용되는 실물자산이 아니다. 현재로서는 가상공간에서만 사용할 수 있는 자산이다. 전자상거래가 일반화된 상황에서 실물화폐의 무용론까지 제기되고 있어 앞으로 어떻게 될지는 모르겠지만 지금의 경제적 환경이 가상자산에 유리하게 작용되는 것만큼은 분명하다. 문제는 미국이 이를 용인하느냐이다. 가상자산의 근본 취지는 '탈중앙화'다. 그런데 '중앙화'의 최대 수혜국은 미국이다. 미국이 탈중화를 반기기 어려운 이유가 이 때문이다. 미국 중심으로 움직이는 달러화로 인해 심하게 기울어진 운동장에서 공정성을 살리려는 여러 가지 시도 중의 하나다 보니 탈중앙화를 목표로 삼고 있는 가상자산이 많은 이의 관심을 받고 있다. 게다가 세계경제에 타격을 가하는 사건들이 일어날 때마다 가격의 움직임이 커서 가상자산에 대한 사람들의 관심이 뜨겁다. 변화의 움직임이 클수록 많은 이가 급격하게 찾아온 경제적 변화에서 부를 획득할 수 있는 기회를 노릴 수 있기 때문이다. 하지만 가상자산 역시 제로섬게임이라는 것을 명심해야 한다. 산이 높으면 산의 높이 못지않게 골도 깊다는 것을 의미하기 때문이다. 수익을 내는 것은 지속성을 유지하기 어렵다. 주기가 다를 뿐 어떤 자산이든 버블의 위험성은 항상 존재한다.

이러한 경제적 변화는 결국 부의 본질은 그대로지만 부의 흐름이나 수단이 계속 변하고 있다는 것을 반증하는 증거다. 다만 한 가지 명확한 점은 수단이 바뀌더라도 사람을 중심으로 하는 본질적인 부의 움직임은 유지될 거라는 것이다.

우리는 또 다른 세계경제 변화에 발 빠르게 대처해야 한다. 그 변화의 밑바탕에는 이미 우리보다 먼저 살았던 이들이 걸어온 길이 깔려 있기에 과거를 알면 그 어떤 변화에도 유연하게 대응할 수 있으리라. 거듭 강조하지만 과거를 돌이켜보면서 객관적인 경제 패턴을 익히고 배운다면 새로운 경제적 변화를 예측하고 대비할 수 있는 힘을 기를 수 있을 것이다.

흔히 역사는 지나간 이야기라고들 말한다. 글을 쓰는 동안, 과거에 있었던 부의 역사를 알아서 무엇을 하겠느냐며 걱정 어린 시선을 보낸 이도 있었다. 그럼에도 부의 역사를 알아야 하는 이유는 분명하다. 역사를 통해 경제적 법칙이 반복된다는 것을 깨우칠 수 있기 때문이다. 그 순간 과거에 있었던 '과정과 결과'의 모습에서 지금의 현실을 비추어본다면, 각자가 원하는 미래를 위해 어떤 선택을 해야 하는지에 대한 '고민의 답'을 얻는 데 도움이 될 수 있을 것이다. 무엇이든 어떤 분야든 지금의 문제는 과거에도 있었다. 역사를 통해 과거의 잘못된 선택이 초래한 결과를 안다면, 현재를 살아가는 우리는 어떤 선택을

해야 미래의 방향을 올바르게 결정할 수 있는지에 대한 선견先
見을 가질 수 있을 것이다.

자본주의사회에서 돈은 매우 중요하다. '부'라는 것은
결국 시스템에 의해서 여러 형태로 변형이 가능하다. 즉 어떤
방향으로 가야할지를 정할 수 있다는 말이다.

나는 잉여보다는 결핍이 우리의 경제적 삶을 변화시켜
왔음을 전제로 이 책을 써나갔다. 잉여는 삶을 영위하기 위한
가장 좋은 대안이지만 결핍은 의지의 유무에 따라 타협과 저항
두 가지를 가져온다. 타협은 결핍에 대한 정당성이 부여되면
체념이라는 무서운 결과를 가져온다. 겨우겨우 삶을 유지하다
가 자칫 도태로 이어져 사라질 수도 있다. 저항은 생존에 대한
욕구를 불러온다. 욕구는 미래 성장을 위한 동력으로 작용하고
크기는 다르지만 부를 만들어낸다는 것을 확인할 수 있었을 것
이다.

우리의 삶은 '의지'라는 것에 달려 있다. 의지가 없으
면 환경과의 타협과 체념으로 현실에 안주하지만, 결핍을 극복
하려는 의지가 있다면 주변을 활용해 수단과 방법을 찾아내려
는 단계로 이동한다. 결핍에서 비롯된 생존에 대한 의지는 식
량을 구하기 위한 물물교환과 무역을 낳았다. 의지가 있는 이
는 무역을 위한 상품을 만들었고 대외 활동으로 이어졌다. 작

은 부가 쌓이면서 더 많은 부를 쌓을 수 있었고 이런 과정에서 높아진 눈높이는 새로운 욕구를 불러왔다. 바로 권력에 대한 의지였다. 내 삶의 질을 결정하는 권력에 대한 욕구가 금권金權으로 시작된 민주주의를 낳았다.

이러한 경제사적 흐름을 쉽게 설명하기 위해 예술작품을 매개체로 삼았다. 이러한 아이디어가 한 권의 책으로 나오기까지 작업실에서 밤새우며 원고와 씨름한 나 자신에게 그동안 고생했다며 위로의 말을 해주고 싶다. 며칠씩 작업하느라 집에 들어가지 못한 날이 많았음에도 불평 한마디 없이 무언의 응원을 보내준 응원군 주니어 이유빈 씨와 지금의 저를 있게 한 부모님과 여러 선조께 감사의 인사를 드린다.

『문화일보』와 『전북도민일보』, 『소비라이프』에 쓴 칼럼들을 잘 보았다며 응원해주신 분들과, 여러 관공서에서 강의를 할 때면 전작인 『맛있는 맥주 인문학』을 들고 와서 사인을 요청했던 분들 덕분에 많은 힘이 났다. 이 자리를 빌려 다시 한 번 감사의 마음을 전한다. 또 유튜브 채널에서 쓴소리를 하더라도 '좋아요'와 '구독'을 눌러준 많은 구독자 분들, 볼거리라고는 술과 음식 사진밖에 없는 데도 '하트'를 빵빵 날려준 인친 분들, 아낌없는 성원과 '엄지척'을 날려준 여러 톡 친구들 그리고 꾸준히 '하트'를 보내주는 브런치의 이웃들에게도 감사하다. 마지막으로 미래의 제 팬이 될 분들에게도 미리 감사의 인사를 전한다.

앞으로도 재미있고, 읽을수록 머릿속이 충만해지는 느낌이 느는 글을 써서 여러분이 가멸찬 '지식의 부(富)'를 쌓을 수 있도록 노력하겠다. 마지막 한 줄까지 읽어주신 많은 독자 분께 허리 숙여 감사의 인사를 드린다.

# 참고 문헌

단행본

B. S. 반 바트, 이기영 옮김, 『서유럽 농업사』, 까치, 1999.

W. K. 퍼커슨, 김성근 옮김, 『르네상스』, 탐구당, 1990.

가와기타 마노루, 장미화 옮김, 『설탕의 세계사』, 좋은책만들기, 2003.

가일스 밀턴, 손원재 옮김, 『향료전쟁』, 생각의나무, 2002.

김문기·박원용·박화진·신명호·이근우·조세현, 『해양사의 명장면』, 산지
　　니, 2019.

김복래, 『속속들이 이해하는 서양 생활사』, 안티쿠스, 2007.

김영기 엮음, 『역사 속으로 떠나는 배낭여행』, 북코리아, 2010.

김진경, 『고대 그리스의 영광과 몰락』, 안티쿠스, 2009.

남종국, 『이탈리아 상인의 위대한 도전』, 앨피, 2015.

――――, 『지중해 교역은 유럽을 어떻게 바꾸었을까?』, 민음인, 2011.

도현신, 『전쟁이 요리한 음식의 역사』, 시대의창, 2017.

로버트 C. 앨런, 이강국 옮김, 『세계경제사』, 교유서가, 2017.

리처드 에번스, 정기문 옮김, 『역사, 시민이 묻고 역사가 답하고 저널리스트
　　　　가 논하다』, 민음사, 2010.

마이클 P. 폴리, 이창훈 옮김, 『가톨릭 신자는 왜 금요일에 물고기를 먹는
　　　　가』, 보누스, 2012.

마크 쿨란스키, 박중서 옮김, 『대구』, 알에이치코리아, 2014.

──────, 이창식 옮김, 『소금』, 세종서적, 2003.

마크 포사이스, 서정아 옮김, 『술에 취한 세계사』, 미래의창, 2019.

마틴 린치, 채계병 옮김, 『채굴과 제련의 세계사』, 책으로만나는세상, 2004.

마틴 부스, 오희섭 옮김, 『아편』, 수막새, 2004.

미야자키 마사카츠, 황선종 옮김, 『흐름이 보이는 세계사 경제 공부』, 어크
　　　　로스, 2018.

민혜련, 『이탈리아 남부 기행』, 21세기북스, 2016.

박용진, 『중세 유럽은 암흑시대였는가?』, 민음인, 2010.

박은봉, 『당신에게 들려주고 싶은 세계사』, 책과함께, 2013.

반기성, 『날씨가 바꾼 어메이징 세계사』, 플래닛미디어, 2010.

브라이언 타이어니 · 시드니 페인터, 이연규 옮김, 『서양중세사』, 집문당, 2019.

빌헬름 아벨, 김유경 옮김, 『농업위기와 농업경기』, 한길사, 2011.

사카키바라 에이스케, 유주현 옮김, 『식탁 밑의 경제학』, 이콘, 2007.

새뮤얼 애드셰드, 박영준 옮김, 『소금과 문명』, 지호, 2001.

시드니 민츠, 김문호 옮김, 『설탕과 권력』, 지호, 1998.

에드워드 기번, 윤수인 · 송은주 옮김, 『로마제국 쇠망사 3』, 민음사, 2009.

오무라 오지로, 신정원 옮김, 『돈의 흐름으로 읽는 세계사』, 위즈덤하우스,
　　　　2018.

오치 도시유키, 서수지 옮김, 『세계사를 바꾼 37가지 물고기 이야기』, 사람
　　　　과나무사이, 2020.

왕웨이, 정영선 옮김, 『세계 역사를 뒤흔든 금융 이야기』, 평단문화사, 2015.

윌리엄 조지 호스킨스, 이영석 옮김, 『잉글랜드 풍경의 형성』, 한길사, 2007.

유발 하라리, 조현욱 옮김, 『사피엔스』, 김영사, 2015.

율리우스 카이사르, 박광순 옮김, 『갈리아 전기』, 범우사, 2006.

이강희, 『맛있는 맥주 인문학』, 북카라반, 2018.

이기윤, 『차의 진실』, 위드스토리, 2012.

이민호, 『동서양 문화교류와 충돌의 역사』, 한국학술정보, 2009.

이영림·주경철·최갑수, 『근대 유럽의 형성』, 까치, 2011.

이영석, 『산업혁명과 노동정책』, 한울아카데미, 1994.

자크 르 고프, 샤를레 카즈 그림, 주명철 옮김, 『유럽역사 이야기』, 새물결, 2006.

재레드 다이아몬드, 강주헌 옮김, 『어제까지의 세계』, 김영사, 2013.

──────────, 김진준 옮김, 『총, 균, 쇠』, 문학사상사, 2005.

제롬 카르코피노, 류재화 옮김, 『고대 로마의 일상생활』, 우물이있는집, 2003.

조기정, 이경희, 『차와 인류의 동행』, 서우얼출판사, 2007.

존 줄리어스 노리치, 남경태, 이동진 옮김, 『종횡무진 동로마사』, 그린비, 2000.

주경철, 『대항해 시대』, 서울대학교출판부, 2008.

────, 『문명과 바다』, 산처럼, 2009.

찰스 B. 헤이저 2세, 장동현 옮김, 『문명의 씨앗, 음식의 역사』, 가람기획, 2000.

캐롤 스트릭랜드, 김호경 옮김, 『클릭, 서양미술사』, 예경, 2010.

타키투스, 천병희 옮김, 『게르마니아』, 도서출판숲, 2012.

프레드 차라, 강경이 옮김, 주영하 감수, 『향신료의 지구사』, 휴머니스트, 2014.

프리드리히 엥겔스, 박준식 외 옮김, 『영국 노동자계급의 상태』, 두리미디어, 1988.

피터 프랭코판, 이재황 옮김, 『실크로드 세계사』, 책과함께, 2017.

하네다 마사시, 이수열·구지영 옮김, 『동인도회사와 아시아의 바다』, 도서출판선인, 2012.

허승일, 『로마사입문』, 서울대학교출판부, 1993.

호메로스, 천병희 옮김, 『오뒷세이아』, 단국대학교출판부, 2002.

홍성표, 『중세 영국사의 이해』, 충북대학교출판부, 2012.

홍익희, 『유대인 이야기』, 행성B, 2013.

홍춘욱, 『50대 사건으로 보는 돈의 역사』, 로크미디어, 2019.

────, 『7대 이슈로 보는 돈의 역사2』, 로크미디어, 2020.


웹사이트

| | |
|---|---|
| Ohmynews | http://www.ohmynews.com |
| The Korea Herald | http://www.koreaherald.com |
| 경향신문 | http://www.khan.co.kr |
| 국민일보 | http://www.kukinews.com |
| 동아일보 | http://www.donga.com |
| 매일경제 | http://www.mk.co.kr |
| 머니투데이 | http://www.mt.co.kr |
| 문화일보 | http://www.munhwa.com |
| 서울경제 | http://www.sedaily.com |
| 서울신문 | http://www.seoul.co.kr |
| 세계일보 | http://www.segye.com |
| 아시아경제 | http://www.asiae.co.kr |
| 조선일보 | http://www.chosun.com |
| 중앙일보 | http://joongang.joins.com |
| 프레시안 | http://www.pressian.com |
| 한겨레 | http://www.hani.co.kr |
| 한국경제 | http://www.hankyung.com |
| 한국경제TV | http://www.wownet.co.kr |
| 한국일보 | http://news.hankooki.com |

그림으로
배우는
경제사
ⓒ 이강희, 2022

초판 1쇄 2022년 11월 4일 펴냄
초판 2쇄 2023년 4월 28일 펴냄

지은이 | 이강희
펴낸이 | 강준우
기획·편집 | 박상문, 김슬기
디자인 | 최진영
마케팅 | 이태준
관리 | 최수향
인쇄·제본 | 제일프린테크

펴낸곳 | 인물과사상사
출판등록 | 제17-204호 1998년 3월 11일

주소 | (04037) 서울시 마포구 양화로7길 6-16 서교제일빌딩 3층
전화 | 02-325-6364
팩스 | 02-474-1413

www.inmul.co.kr | insa@inmul.co.kr

ISBN 978-89-5906-651-3 03900

값 18,500원

이 저작물의 내용을 쓰고자 할 때는 저작자와 인물과사상사의 허락을 받아야 합니다.
파손된 책은 바꾸어 드립니다.